Neue Reihe
Staatswissenschaftlicher Arbeiten
1. Heft

Der ungelernte Industriearbeiter

Eine sozialökonomische Studie unter besonderer Berücksichtigung der gegenwärtigen deutschen Verhältnisse

Von

Dr. Franz Fendt

Duncker & Humblot / München und Leipzig

Alle Rechte vorbehalten

Copyright 1936 by Duncker & Humblot,
München und Leipzig

Pierersche Hofbuchdruckerei Stephan Geibel & Co., Altenburg, Thür.

Inhalt

                                                            Seite

I. Voraussetzungen 1

    1. Der Wandel der Wirtschaftsgesinnung. – 2. Die vorwärtsgetriebene Arbeitsteilung. – 3. Die Maschinisierung. – 4. Markt und Kapital.

II. Begriff 12

    1. Gelernt und ungelernt im alten und neuen Sinn. – 2. Selbstschulung des Ungelernten. – 2. Vertretbarkeit des Ungelernten. – 4. Ungelernt - angelernt. – 5. Niveauunterschiede. – 6. Inhomogenität. – 7. Literatur.

III. Arbeitsinhalt 17

   § 1. *Gruppierung nach Verwendungsarten* 17

      1. Stellung innerhalb der Produktion – 2. Ungelernte alten und neuen Stils. – 3. Gruppierungsmöglichkeiten. – 4. Transportarbeiter. – 5. Helfer. – 6. Maschinenarbeiter. – 7. Arbeiter an Apparaten und Arbeitsvorrichtungen.

   § 2. *Eingliederung in die Hauptindustrien* 27

      1. Kohle. – 2. Erzbergbau und Verhüttung. – 3. Steine und Erden. – 4. Chemie. – 5. Metallbearbeitung. – 6. Keramik und Glas. – 7. Textilien. – 8. Leder. – 9. Nahrungsmittel. – 10. Möbel. – 11. Papier. – 12. Spielwaren und Musikinstrumente. – 13. Literatur.

IV. Die soziale Einordnung 43

   § 1. *Soziale Struktur* 43

      1. Gründe der sozialen Ausgliederung. – 2. Möglichkeiten der Wiedereingliederung von der Wirtschaftsseite her. – 3. Der Wandel des Arbeitsverhältnisses. – 4. Literatur.

   § 2. *Der jugendliche Ungelernte* 49

      1. Gründe seines Ungelerntseins. – 2. Der jugendliche Ungelernte mit „Anwartschaft".

   § 3. *Ausbildung und Bildung* 51

      1. Notwendigkeit. – 2. Form der Durchführung innerhalb des Betriebes. – 3. Die außerbetriebliche Beschulung. – 4. Arbeitsdienst. – 5. Literatur.

V. Arbeitseinsatz und Anteil am Sozialprodukt · · · · · · · · 59
   1. Die Qualität der Arbeitskraft. – 2. Quellen der Ungelerntenschaft: Landflüchtige, Berufsbrüchige, Jugendliche. – 3. Angebot und Nachfrage. – 4. Lohntheorien. – 5. Lohnbildung nach neuem Arbeitsrecht. – 6. Literatur.

VI. Zahlenmäßige Bedeutung · · · · · · · · · · · · · · · · 75
   1. Schwierigkeiten der statistischen Erfassung der Ungelerntenschaft. – 2. Ausgliederung der c 3-Arbeiterschaft nach Wirtschaftsabteilungen. – 3. Die c 3-Arbeiterschaft in Industrie und Handwerk, ausgegliedert nach Wirtschaftsgruppen und Wirtschaftszweigen. – 4. Literatur.

Erster Abschnitt
Die Voraussetzungen

1. Der Wandel der Wirtschaftsgesinnung. — 2. Die vorwärtsgetriebene Arbeitsteilung. — 3. Die Maschinisierung. — 4. Markt und Kapital.

1. Naturalwirtschaftliche Gebundenheit, strenge Geschlossenheit der ständischen Gesellschaftsordnung und die im Banne der christlichen Soziallehren stehenden Zunftverfassungen gaben dem Mittelalter das Gepräge. Die Ideen des gemeinen Besten und der standesgemäßen Lebenshaltung bestimmten als Motive das wirtschaftliche Handeln. Das Prinzip der Selbstversorgung war nur abgewandelt: Die Wirtschaftseinheit war zwar größer geworden, umschloß im Bezirk eine Mehrheit von Wirtschaftenden, die sich aber alle zur großen Familie verbunden fühlen sollten und sich als gegenseitig Verpflichtete wechselseitig zur Bedarfsdeckung verhalfen. So entstand zwar die Freiheit der Arbeitsteilung nach Berufen, deren Wurzeln schon in den Fronhofwirtschaften früherer Zeiten liegen, aber nicht mehr. Die Bereitstellung der Güter in der mittelalterlichen Stadtwirtschaft vollzog sich in einer auf dem Nachbarlichen und persönlich Bekannten ruhenden Wirtschaftsgesinnung, deren Symbol der gerechte Preis, deren bewegende und zügelnde Kraft die „religio" war, die Bindung an Gott. Das Diesseits, nur die Pforte zum Wesentlichen, zum Jenseits, konnte keinen Anspruch auf grundlegende Bedeutung erheben. Es war nur ein Mittel zu Höherem. Und das Wirtschaften war im Mittelsystem der Bezogenheiten aufs Ewige durchaus irrelevant. Besitz rechtfertigte sich als Verpflichtung, war sozusagen Lehen, der Mensch Verwalter und Gast. Die aus der sozialen Struktur erwachsenden Träger der Macht und des Rechts banden den Drang zur Entfaltung, erstrebten Stabilität, Genügsamkeit und Sichbescheiden, abgestuft nach hierarchischen Ordnungen, gaben enge Maße für die Zuteilung erlaubten Bedarfs. Es bedeutete schon gegenüber der Scholastik, deren Lehre das Wirtschaftsleben überhaupt nicht berücksichtigt, einen bedeutenden Fortschritt, wenn Thomas von Aquin dem Schaffen der Gewerbetreibenden die religiöse Weihe gab und den Preis nicht mehr ignorierte, sondern der kirchlichen Ethik und ihrer Idee von der

Gerechtigkeit unterstellte. Ist Wirtschaften planvolle Mittelverwendung, so galt das nur insofern, als die Planmäßigkeit in erster Linie bezogen war auf das transzendente Ziel.

Erst die neue Zeit rückte das Wirtschaften aus der Peripherie ins Zentrum. Auf verschiedenen Wegen wurde das Diesseits wiedergefunden, wiedererweckte Kultur kündete Schönheit der Erde und Kraft des Menschen, auch der Religiöse wandte seinen Blick wieder dem Endlichen zu, irdischer Eigenwert erschien berechtigt, der Weg zu Gott führte nicht mehr nur durch Versuchung und Prüfung. Die schöne Welt, dem Menschen als Stätte des Wirkens, als Feld seiner Arbeit, als Geschenk zur Verschönerung seines Daseins gegeben, wurde wichtiges Objekt des Tuns. Schnell entfesselte sich das Ich und hart prallten die Träger der alten und der neuen Weltanschauung aufeinander. Die individualistischen Tendenzen, lange zurückgehalten und seit Jahrhunderten fast diffamiert, wirkten sich machtvoll aus. Eroberer der Welt, Konquistadoren der Wirtschaft traten auf, die Machtkämpfe des Frühkapitalismus versetzten die Gesellschaft in Unruhe, die Auflösung der alten und altgewordenen Organisationsformen der Wirtschaft begann und setzte sich trotz erbitterter Gegenwehr der in ihren alten Rechten und ihrem kleinen Besitz Bedrohten durch, die Welt erlebte einen neuen Wirtschaftsstil, der sich siegreich behauptete und immer weitere Schichten in die Bahnen seines Denkens und Handelns führte. Eine Welt, die wieder Wert gewonnen hatte, war auch wert, daß der Mensch seine Geisteskräfte zu ihrer neuen optimalen Gestaltung benützte. Das Rationale entwickelte sich auf allen Gebieten, Staatspolitik, Wissenschaften, Wirtschaft richteten sich an einem System aus, in dem die neue Diesseitsbezogenheit zur vollen Wirkung kam. Immer schon handelte der Mensch optimal, nur wurde der Bezugspunkt gewechselt. Lag er im Transzendenten, erhielt die mittelalterliche Lebensgestaltung ihren totalen Sinn, lag er im Irdischen, so formte sich die neue Zeit.

So gesehen erscheint es natürlich, daß sich der Wirtschaft neue und im Vergleich zu früher in der Richtung geänderte Wege auftaten. Nicht allein die wachsende Bevölkerung der europäischen Staaten, vor allem Englands und Deutschlands im 18. Jahrhundert, sondern die neue Geisteshaltung aus neuer Zielsetzung verursachte die Revolutionierung der gewerblichen Produktion. Wenn Bedürfnislosigkeit ein ethischer Vorzug und Armut keine Last sind, können auch dichtbevölkerte Staaten bei extensiver Wirtschaftsorganisation ruhig leben. Wenn aber Bedürfnisse moralisch berechtigt erscheinen, wird das Erwerbsstreben erst wirksam und zwar in jene unbekannte Weite, in die der Mensch im Wechselspiel von Genuß und Begierde rastlos getrieben wird. Dann wird die Knappheit schwer getragene Armut und der denkende Mensch bemüht sich um ihre Überwindung.

2. Aus der unendlichen Fülle der Erscheinungen, die in der neuen Wirtschaftsgestaltung zu Tage traten, seien nun vor allem jene aufgezeigt, die zu den Veränderungen des Arbeitseinsatzes führten. In Verfolg dieser Entwicklungsreihe werden dann die Ansatzpunkte herausgestellt werden können, die den ungelernten Arbeiter als neues Phänomen innerhalb der Arbeitsorganisation aufzeigen. Die Arbeitsaufspaltung nach Berufen, bis ins 18. Jahrhundert an die Grenzen der Lösungsmöglichkeiten geführt, kannte keine Ungelernten. Die Ordnung der Zünfte mit ihrer mehr vom Ideologischen als vom Ökonomischen herkommenden Auffassung vom „Handwerk" war bemüht, die Verbindung der Arbeitsganzheit mit der Berufsganzheit zu erhalten, die Gestaltung des Werkes mit den vorgeschriebenen althergebrachten Werkzeugen und durch die traditionellen „Handgriffe" und Arbeitsaufeinanderfolgen sicherzustellen. Die Abspaltung von Ungelerntenarbeit, die zugleich die Trennung des Arbeitenden von der Gesamtgestaltung des Werkstückes bedeutet hätte, war ihr wesensfremd. Die Verlagerung des Leistungswettbewerbs auf die Güte (statt auf den Preis), die im Sinne einer Planung erlassenen Produktions-, Preis- und Absatzbindungen ließen alle Tendenzen zur Siebung der Arbeitsfunktionen ruhen. Die von Ungelernten leistbare Arbeit blieb grundsätzlich zwischen die Gelerntenarbeit eingegliedert. — Trotzdem aber kann Ernst Mummenhoff[1] berichten, daß, nachdem das Zunftwesen seinen Höhepunkt überschritten hatte, vom 16. Jahrhundert ab die Zulassung von Ehhalten — Dienstboten —, Jungen oder Mädchen ohne Lehrverhältnis, eine Rolle zu spielen begann. Obwohl diese Arbeitskräfte vorerst hauptsächlich zur Unterstützung bei der Haushaltführung eingestellt wurden, durften sie doch nach vollbrachter Hausarbeit in der Werkstatt zu Hilfs- und Handlangerdiensten, besonders zu jenen Nebenarbeiten verwendet werden, die Meister und Gesellen verschmähten und die selbst den Lehrlingen nicht aufgetragen wurden. Auf Drängen der Meister erlaubte dann aber der Rat auch Fall für Fall, daß die Mägde zur alleinigen Beschäftigung in den Werkstätten angestellt wurden. Diese weibliche Ungelerntenarbeit entwickelte sich vor allem da, wo von Verlegern eine Massenproduktion hervorgerufen wurde, zu deren Bewältigung die abhängigen und wirtschaftlich beengten Meister billige Arbeitskräfte heranziehen wollten. In allen Betriebszweigen, die sich frühzeitig aus den Zunftbindungen herauslösten, ehestens wohl im Bergbau und in der Eisenverarbeitung beginnt das System der Arbeitsorganisation mit Ausgliederung von Ungelerntenarbeit von Bedeutung zu werden. Mitte des 16. Jahrhunderts sind in den ungarischen und Tiroler Bergwerken schon reichlich viele Ungelernte beschäftigt. So arbeiteten nach dem sogenannten Etten-

---

[1] Der Handwerker. Jena 1924, S. 49 ff.

hardtschen Bergbuche im Jahre 1532 beim Falkensteiner Tiefbau täglich 500—600 Wasserheber². Anfang des 17. Jahrhunderts waren im Steyrer Eisenhandwerk „neben 300 Messerermeistern nur 150 Gesellen, aber 1500 Mägde beschäftigt. Knaben im zarten Alter von 10—12 Jahren mußten (im 16. Jahrhundert) als ‚Kläuberbuben' schon zur Tagarbeit heran, um ‚Bruch und Zagel' zu scheiden und zu säubern. Waren sie so weit erstarkt, um mit beladener Bergtruhe laufen zu können, dann traten sie in den Dienst als ‚Truhenläufer oder Hundezieher'. Erst nach Ablauf dieser Bubendienste wurden sie ‚Hauer mit Schlägel und Eisen'³". Ungelerntenarbeit stellt sich uns hier gleich in ihrer unheilvollsten Form der Kinderarbeit dar. In den Manufakturen und ersten Fabriken entwickelte sich eine Arbeitsorganisation, die auch für Ungelernte Raum gab und zum großen Teil jene Leute beschäftigte, die sich, ohne feste Beschäftigung und aus dem Berufsleben ausgegliedert, unstet im Lande herumtrieben. Schließlich wich unter dem Drucke des heftiger werdenden Leistungswettbewerbs auf größer werdenden Märkten das Prinzip der starren Verteilung aller an gleichgearteten Werkstücken zu leistenden Arbeit ohne Abwägung der dazu nötig werdenden Qualität der Arbeitenden, das Berufsbildungsprinzip also, immer mehr einer individuellen Teilung der Arbeit und einer neuen personellen Verteilung nach den Bedürfnissen der einzelnen Betriebe. Die Zeit der Manufakturen ist das Vorspiel einer neuen Arbeitsorganisation, die empirische Technik wird bald durch die wissenschaftliche ersetzt. Die Zentralisation der Produktion beginnt.

Die industrielle Entwicklung begann in England und hatte hier, wie in den Ländern, die später nachfolgten, dieselben Voraussetzungen: Die zunehmende Bedarfssteigerung einer sich rasch vermehrenden Bevölkerung, die durch die Abschaffung von Binnengrenzen gegebene Erweiterung des Marktes, die Chance, unter günstigen Umständen diesen Markt über die nationalen Grenzen hin ausdehnen zu können; die Möglichkeit genügend entwickelter Verkehrswege und -mittel zu Land und Wasser, Freiheit und Schutz des technischen Fortschrittes und, als wichtigstes, Freiheit der individuellen Wirtschaftsgestaltung. Sie ist letztlich die Voraussetzung zum Aufstieg zu einer neuen Intensitätsstufe des Rationalprinzips. Die neue Wirtschaftsgesinnung, im wesentlichen auf der Entfesselung der Individualkräfte beruhend, schuf sich ein Mittelsystem, durch dessen Hilfe nicht nur alle Bezirke des Wirtschaftens, sondern auch der ganze Lebensbereich der von ihr erfaßten Menschheitsgruppen umgestaltet wurde. Wo sie dabei grundlegend umformend auf den menschlichen Arbeitseinsatz wirkte, wo sich die Prinzi-

---

² Jakob Strieder: Studien zur Geschichte kapitalistischer Organisationsformen. München und Leipzig 1925, S. 40.

³ a. a. O. S. 42.

pien des arbeitsteiligen, mechanisierten und massenhaften Vollzugs (v. Gottl) durchsetzten, erweiterten sich die Möglichkeiten der Eingliederung Ungelernter in die zentralisierte Produktion.

Die Rationalisierung der menschlichen Arbeit beruht im Kern auf der Arbeitsteilung, die bis zur Arbeitsstückzerlegung und Produktionsprozeßzerlegung vorwärtsgetrieben wird. In ihrer älteren Anwendung ist sie vorzugsweise von der Erkenntnis des Einflusses der Übung auf den Leistungserfolg, in ihrer neueren Art auch noch von der Erkenntnis des Einflusses der Verschiedenheit der Arbeitsfähigkeiten getragen. Sie erlaubt eine bessere Auswertung der individuellen Leistungskraft, eine Steigerung der Geschicklichkeit und eine wesentliche Änderung der Vor- und Ausbildung. Die Arbeitsteilung bringt an vielen Stellen das System, wonach ein Vollarbeiter alle Zweige seines Berufes erlernt, notwendig in Verfall. Im zentralisierten Gewerbebetrieb muß also der regelmäßige Anfall leicht erlernbarer isolierter Teilfunktionen zur Beschäftigungsmöglichkeit für Ungelernte werden. Durch die konsequente Zerlegung der früher von einem Gelernten in ihrer Gesamtheit vollzogenen Arbeitsvorgänge und ihre interpersonelle Aufteilung wird aber nicht nur der Gelernte freigesetzt, sondern auch die Produktivität der Arbeit außerordentlich gesteigert. Was A. Smith erstmals an seinem berühmt gewordenen Beispiel der Stecknadelfabrikation nachwies, wurde auf allen Gebieten großgewerblicher Gütererzeugung von den Zeiten der Manufakturen, die die klassischen Ausbildner der Arbeitszerlegung waren, bis in die Gegenwart zur Wirklichkeit. Die technische Auflösung der Arbeitsgeschicklichkeiten in Atome (Bücher) zerriß die bisherigen Arbeitsverbindungen und machte den einzelnen zu einem Teil des „Gesamtarbeiters", der frei und gleich, als auswechselbares Glied seine Funktion im Fabriksystem erfüllte. In der konsequenten Verfolgung der Arbeitsstück- und Produktionsprozeßzerlegung liegt eine Begründung für das Entstehen der Ungelerntenschaft. Daß von der Ausnützung dieser Idee reichlich Gebrauch gemacht wurde, beruht nicht auf Willkür der Unternehmer. Auch sie waren eingespannt in die Zwangsläufigkeiten der modernen Wirtschaftsführung, sie erlitten und erzwangen den ungeheuren Energieaufbruch, der mit der Wandlung der Wirtschaftsgesinnung alles mit sich fortriß.

Im Zuge der Rationalisierung der menschlichen Arbeit schritt übrigens der Taylorismus noch weiter. Hatte man sich bisher mit der Eingliederung von Menschen ohne spezielle Arbeitsvorkenntnisse begnügt, war man also mit der Tatsache ihres Ungelerntseins zufrieden und hatte man sie mit ihrer Leistungsfähigkeit und auch der ihr anhaftenden Unzulänglichkeit in Rechnung gestellt, ja hatte man sogar bei der Aufteilung der Arbeit und der Organisation des Produktionsprozesses darauf Bedacht genommen, so bildete Taylor eine neue

Schulung von der Basis des Ungelerntseins aus. Er löste die Arbeit in Funktionspartikelchen auf, ihm galt der Mensch mehr oder weniger als eine bloße Mischung dieser oder jener Kräfte, ihn interessierten nur mehr die Eigenschaften. „Je weniger Mensch an ihnen klebt, um so besser[4]." Er entwickelte die Leistung durch individuelle Anlernung und trieb den Satz, daß der größtmögliche Erfolg des Arbeitsvorgangs mit dem geringstmöglichen Aufwand an menschlicher Kraft erzielt werden solle, auf die Spitze. Das Taylorsystem bedeutet Arbeitsrationalisierung bis zu den letzten Möglichkeiten. In seinem Angelernten entsteht „das wirklich abstrakte kapitalistische Arbeitsinstrument" (Alfred Weber) und damit ist wohl auch seine Schwäche aufgezeigt. Der Taylorangelernte ist ein besonderer Typ, der mit dem Ungelernten nichts gemeinsam hat als die Herkunft, der aber auch mit dem Arbeiter, der in Deutschland üblicherweise als Angelernter bezeichnet ist, nicht zu vergleichen ist.

3. Gleichlaufend mit der Rationalisierung der menschlichen Arbeitskraft kennzeichnen das neue Wirtschaften die Bestrebungen, die Kräfte der Natur den Menschen dienstbar zu machen. Die Entwicklung der Maschinen war von weitgehendem Einfluß auf die Zusammensetzung der industriellen Arbeiterschaft. Solange nur die Wasserkraft in ihrer einfach ausgenützten Form zur Verfügung gestanden, war infolge der Standort- und Nutzeffektbeschränkungen die Entwicklung zentralisierter Produktionsstätten beschränkt. Die intensive Auswertung der Naturkräfte in den Formen der Dampfmaschinen, Dampfturbinen, Explosions- und Elektromotoren, sowie die wesentlichen Verbesserungen der wassergetriebenen Kraftmaschinen boten neue Möglichkeiten. Abgesehen davon, daß dadurch der arbeitende Mensch seiner niedrigen Funktionen als Muskelmaschine entkleidet wurde und daß die große Menge der bisher nur mit Krafterzeugung beschäftigten Ungelernten für produktivere Zwecke frei wurde, ermöglichten diese Maschinen die neue und intensive Anwendung des arbeitsstückzerlegenden Produktionsprozesses. Sie erlaubten nämlich immer ökonomischer den dezentralisierten Krafteinsatz ohne wesentliche Transformationsverluste. Die Elektrifizierung der Antriebsapparatur bot für die feinsten Kraftzerlegungen Möglichkeiten. Die Arbeitsteilung ging den Weg der Atomisierung, die intramachinale Arbeitskooperation begann. Aus der Entwicklung der Technik als Wissenschaft ergab sich die planmäßige Suche nach optimaler Naturkraftbeherrschung und führte zu wirkungsvoller Hilfestellung bei der Gestaltung ökonomischer Neuorganisationen. Es entstanden die Werkzeugmaschinen und wurden im Laufe einer schnell fortschreitenden Entwicklung zu immer größerer Zweckmäßigkeit geformt. Ursprünglich

---

[4] Th. Brauer: Produktionsfaktor Arbeit. Jena 1925, S. 9 ff.

pflegte die Maschine die Handarbeit nur nachzuahmen. Mit ihrer Reife fand sie aber den eigenen Weg, den der kausalrichtigen Lösung, den sie allein zu begehen vermochte. In ihr gipfelte die Spezialisation[5]. In bezug auf die Arbeitsleistung entwickelten sich die Maschinen nach folgenden Typen: sie leisten nur eine Teilarbeit, sie kombinieren mehrere Teilarbeiten, sie umschließen den ganzen gegebenen Arbeitskomplex vollständig. Die technische Tendenz geht zum Vollautomaten, der auch im ökonomischen Sinn Zielpunkt ist. Die Maschine will das menschliche Können, an dessen Stelle oder zu dessen Hilfe sie eingesetzt wird, objektivieren[6], und zwar im optimalen Sinne. Durch sie soll die beste Leistung des besten Arbeiters in jederzeit beliebig herstellbarer Menge stabilisiert werden. Sie übertrifft sogar in ihren Spitzenkonstruktionen das „Menschenmögliche"; ein Beispiel für viele: Die Überlegenheit der automatischen Steuerung an großen Schweißmaschinen modernster Konstruktion beruht darin, daß sie dem bedienenden Schweißer Funktionen abnimmt, die sie mit größerer Genauigkeit auszuführen vermag als er[7]. Sie ist mehr oder weniger frei von dem Fachkönnen einer Persönlichkeit, sie ist exakt, präzise und frei von den Zufälligkeiten der Ausführung. Sie hat nicht nur Zähne zum Beißen, Messer zum Schaben, Model zum Prägen usw., sondern auch Arme und Finger zum Greifen und ein in sie gelegtes Urteilsmaß für die Richtigkeit ihres Tuns, und das alles bewegt sich ewig, zwangsläufig, unverdrossen und kontrollbereit Schmalenbach). In dauerndem Fluß wird sie aus ökonomischen Erwägungen in den Betrieben eingesetzt, umgebaut, durch Besseres ersetzt und ändert so ständig die Grenzen der Arbeitsteilung der mit ihr verbundenen persönlichen Arbeitsnotwendigkeiten, die Arbeitsteilung zwischen gelernter, angelernter und ungelernter Arbeit. Die betriebswirtschaftliche Kosten-Nutzenrechnung bestimmt den jeweiligen Einsatz. Daher vergleicht Th. Brauer die an Maschinen beschäftigte Arbeiterschaft mit „Flugsand", „wenn neues Werkzeug in Schwung kommt, so entsteht viel Verdienst unter Umständen auch für die nichtqualifizierte vertretbare Arbeit, und zwar mindestens so sehr für die sogenannte ungelernte wie die angelernte, zeitweise steht sie sich dann sogar besser als die qualifizierte Arbeit. Schlägt die Strömung um, steht der werkzeuggebundene Arbeiter vor dem Nichts, das Werkzeug wird altes Eisen[8]." Die Maschinisierung des Produktionsprozesses gab für den Einsatz ungelernter Arbeitskraft weiten Raum. Was Ure, der

---

[5] F. v. Gottl-Ottlilienfeld: Wirtschaft und Technik. Grundriß der Sozialökonomik, II., II. Tübingen.

[6] H. Lechtape: Die menschliche Arbeit als Objekt der wissenschaftlichen Sozialpolitik. Jena 1929, S. 18.

[7] Die Leistung. Beilage der Frankfurter Zeitung; 12. Oktober 1934.

[8] Th. Brauer: Produktionsfaktor Arbeit. Jena 1925, S. 82.

klassische Lobredner des Maschinenwesens schon 1835 erkannte: „Erfordert ein Fabrikationsprozeß besondere manuelle Gewandtheit und Sicherheit, dann wird er sobald als möglich dem gelernten Handarbeiter, dessen Leistungen Unregelmäßigkeiten aller Art ausgesetzt sind, entzogen und einem besonderen Mechanismus überwiesen, der sich derartig von selbst reguliert, daß ein Kind imstande ist, ihn zu überwachen[9]", ist im Kerne richtig. Ebenso seine Feststellung: „Nach dem System der Einschließung eines jeden der konstituierenden Bestandteile eines zerlegten Arbeitsprozesses in eine (automatische) Maschine konnte aber nun jeder dieser Elementarteile **einer Person von gewöhnlicher Fähigkeit und Aufmerksamkeit** nach kurzer Prüfung anvertraut und nach dem Willen des Herrn **bei jeder Gelegenheit von einem auf den anderen übertragen** werden. Solche Übertragungen oder Abwechslungen sind dem alten Verfahren der Arbeitsteilung ganz entgegengesetzt[10]." Ure sieht hier nicht nur die prinzipiell andere Stellung des immerhin noch nicht leichthin fungiblen Arbeiters im manufakturellen Arbeitsteiligkeitssystem gegenüber dem in der maschinellen Arbeitsorganisation, sondern deutet auch schon ganz richtig das Hervortreten geistiger und seelischer Arbeitswerte beim neuen Ungelernten an. Ganz so einfach verlief die Entwicklung allerdings nicht. Wenn sich Anthony Strutt in der ersten Hälfte des 19. Jahrhunderts an den Vorzügen der Maschinenarbeit so begeisterte, daß er in der mechanischen Abteilung seiner Baumwollfabriken prinzipiell Gelernte ausschloß und Eli Whitney schon 1812 als Vorzug seiner Waffenfabrik betonte, daß es die leitende Idee seines Betriebes wäre, die Geschicklichkeit der Arbeiter durch entsprechende Maschinen zu ersetzen, wenn auch Cowdrick 1931[11] in Hinblick auf die Verhältnisse in USA. noch feststellen will, „die neueste Entwicklung der Industrie hat es mit sich gebracht, daß der gelernte Arbeiter Schritt für Schritt von den ungelernten spezialisierten Arbeitern verdrängt wird", so ist doch für die unübersehbare Menge der in die Betriebe eingeschalteten Maschinen in bezug auf die Verwendbarkeit des Typus des Ungelernten keine so einfache Formulierung als richtig zu unterstellen. Es gibt wohl der Zahl nach sehr viele Maschinen, die nur einfachster Bedienung bedürfen und es werden auch immer wieder Tendenzen sichtbar, kompliziertere Bedienungsansprüche möglichst zu verringern und auch den vielfältig kombinierten Arbeitsvorgang der Maschine in die lenkende Hand eines Ungelernten zu legen; es ist auch wohl richtig, wenn von einer der Technik innewohnenden Tendenz zum Leichtermachen menschlicher Bedienungsqualitäten gesprochen wird, die zum Vollautomatismus führen soll, trotzdem aber

---

[9] D. A. Ure: Philosophie of Manufact., Kap. 1.
[10] D. A. Ure: Das Fabrikwesen. Aus dem Englischen, von Diezmann, 1835.
[11] Manpower in Industrie: Bearbeitet von Hamm und Buxbaum, 1931.

dürfte in folgendem Urteil das Richtige getroffen sein: „Es ist ein Irrglaube, daß der mechanisierte Großbetrieb, gesamtwirtschaftlich gesehen, mit geringeren Arbeitsqualitäten auskomme als die mittlere Industrie. Die Dinge liegen vielmehr so, daß zwar auf der einen Seite der Bedarf nach vielseitig ausgebildeten ‚gelernten' Arbeitern, andererseits aber auch nach ‚ungelernten' Arbeitern zurückgeht und dafür die neue Kategorie des nur für Spezialaufgaben ausgebildeten ‚angelernten' Arbeiters stark in den Vordergrund tritt[12]." Die Bildung eines fest umrissenen Urteils über die wirkliche ökonomische Bedeutung der Ungelerntenarbeit an Maschinen ist verschiedentlich erschwert. Der Einsatz erfolgt aus betriebswirtschaftlichen Gründen, die häufig den ökonomischen Grundsätzen durchaus nicht konform sind. Dadurch wird in erheblichem Umfange Ungelerntenarbeit an Maschinen eingesetzt, die sich ökonomisch nicht mehr oder noch nicht verantworten läßt. Im zweiten Fall ist sogar schon durch den Zusammenbruch der nach der Stabilisierung für unsere Verhältnisse unzweckmäßig durchgeführten „Amerikanisierung" der Beweis erbracht. Trotzdem ist, wenn auch mit aller Vorsicht, festzustellen, daß das Prinzip der Mechanisierung der Massenproduktion in mindestens ebenso großem Maße Gelegenheit zur auch ökonomisch richtigen Eingliederung von Ungelernten als Produktionselement in die Betriebe gibt wie die Durchführung des arbeitsteiligen Erzeugungsvorgangs in seinen Formen der Arbeitsstück- und Produktionsprozeßzerlegung.

4. Vom Standpunkte der Unternehmung aus ist die Arbeit ein Kostenelement und daher nach Analogie eines kostenden Betriebsstoffes anzusehen und zu bewirtschaften. G. Briefs[13] entwickelt aus dem Vorhandensein dieser Leitidee als Merkmale: Billig, sparsam, anpassungsfähig, unsperrig, in der Verwendung „berechenbar", ohne unerwünschte Begleiterscheinungen, jeden Moment auswechselbar. So zeigt sich erst recht von diesem Standpunkte aus die Tendenz zum Ausweichen in die Ungelerntenschaft, wenn sich damit eine für den Zweck günstigere Kombination ergibt. Von Bedeutung sind dabei neben der Eigenart des herzustellenden Erzeugnisses die Marktlage und die mit der Umstellung auf Ungelerntenarbeit notwendig werdende kapitalmäßige Ausrüstung. Die Eingliederung Ungelernter in die industrielle Produktion ist verbunden mit Massen- oder Serienfabrikation bei gleichzeitiger Spezialisation auf wenige, meist ähnlich geartete Erzeugnisse. Was A. Smith im dritten Kapitel des ersten Buches seines klassischen Werkes[14] über das

---

[12] Wirtschaftsheft 9 der Frankfurter Zeitung: Deutschland als Verarbeitungsland.
[13] Das gewerbliche Proletariat. Grundriß der Sozialökonomik IX, I. Tübingen.
[14] Natur und Ursachen des Volkswohlstandes. Deutsch von Friedrich Bülow. Leipzig.

Verhältnis von Arbeitsteilung und Marktlage ausgeführt hat, gilt sinngemäß auch für eine Produktion, die die Arbeitsteiligkeit mit der Maschinisierung und der Rationalisierung der menschlichen Arbeitskraft verbindet. Der auf Ungelerntenarbeit gegründete zentralisierte Gewerbebetrieb beschränkt sich nicht auf den gegebenen Markt, sondern entwickelt besonders stark eine vitale Ausbreitungstendenz. Neben den Vorteilen der Kostendegression, die ja auch der Großbetrieb mit vorzugsweise Gelernten buchen kann, nützt er noch jene, die ihm aus der Verschiedenartigkeit der interlokalen und besonders internationalen Lohn- und Preisspiegel zufließen. Die Exportindustrie der billigen Massenware dringt auch in die Länder nichtindustrieller Struktur verhältnismäßig leicht ein und wird so zum Bedürfniswecker und Schrittmacher. Das deutsche Beispiel aus dem letzten Viertel des 19. Jahrhunderts wiederholt sich in noch umfassenderer Weise in dem japanischen Exportvordringen der letzten Jahre. Wenn auch nicht die einzige, so doch eine ausschlaggebende Ursache dieses Erfolgs liegt in der Möglichkeit, eine anspruchslose, geistig relativ hochstehende, jedoch als ungelernt anzusprechende Arbeiterschaft in der Großindustrie einzusetzen. Allerdings gilt der Satz Roschers: „Je höher in einem Volke die Arbeitsteilung entwickelt ist, desto schwieriger wird es natürlich, das Angebot eines Produkts mit der künftigen Nachfrage immer im Gleichgewicht zu halten; die künstlichsten Maschinen sind am leichtesten Störungen ausgesetzt", in solchem Falle ganz besonders. Das unternehmerische Tun bestimmt wohl noch Produktionsweise und sucht Absatzwege. Der Dauererfolg liegt aber nur innerhalb einer theoretisch ungehemmten Weltfreihandelswirtschaft wesentlich in der eigenen Macht und Kraft. In einem System der gegenseitigen Absperrung mit Einsatz aller möglichen wirtschaftspolitischen und politischen Kampfmaßnahmen und der daraus folgenden Unsicherheit der Marktlage beginnt für den Unternehmer und damit zugleich für die von ihm eingesetzte Arbeiterschaft das Aleatorische. Die vielfältigen Kräfte, die sich innerhalb der internationalen Marktverknüpfung und Wirtschaftsverflechtung auswirken können, beschränken die Berechenbarkeit des Ertrags und fördern die Unsicherheitsfaktoren im Erwerbswirtschaftsplan der Unternehmung. Die Krisenanfälligkeit steigt. Eine Ausnahme bilden höchstens die Produktionsstätten für Güter unelastischen Bedarfs, besonders dann, wenn sie hauptsächlich binnenmarktorientiert sind.

Die ökonomischen Schwierigkeiten steigern sich durch die Rolle des Kapitals. Die Beschäftigung von ungelernten Produktionsarbeitern setzt durchwegs die Bereitstellung eines ausgedehnten und sehr spezialisierten Werkzeugmaschinenapparates voraus, besonders seitdem nicht nur mehr die Erzeugung einfacher Stapelware, sondern auch die von produktionstechnisch schwieriger herzustellender Qualitätsware in den Bereich der

Ungelerntenarbeit gerückt wird. Aus der stürmischen Entwicklung der Technik entspringt die Gefahr der schnellen Entwertung produzierter Produktionsmittel und damit der Kapitalvernichtung. Wenn auch jede Verbesserung der Aufwand-Leistungrelation, und das kann auch die Maschinisierung sein, eine Steigerung der Produktivität der Arbeit bedeutet, so kann sich doch das Tempo der Technisierung, das die einzelne Unternehmung unter dem Drucke der Konkurrenz zu allzu häufiger Erneuerung des technischen Apparates zwingt, auch aufs Ganze bezogen, gefährlich auswirken. Die gehäufte Bewerberschaft um Kapitaldisposition erzeugt stoßweise Impulse von der Nachfrageseite her, besonders wenn eine gewisse Gläubigkeit an die Produktivkraft der Kapitalgüter besteht, die erworben werden wollen. Die deutsche Rationalisierungswelle nach der Stabilisierung der Mark trieb so den Zins, da sie unglücklicherweise mit einer besonderen Knappheit auf dem deutschen Kapitalmarkt zusammentraf. Es liegt nahe, daß gerade die auf Ungelerntenarbeit eingestellte Unternehmung, kapitalintensiv, besonders konkurrenzbedrängt, unsicher im Markte stehend, von der angespannten Ausnutzung des Gesetzes der Massenproduktion lebend, in der Krise ein Opfer wird. Dazu kommt, daß im Zuge einer überstürzten Rationalisierung, in schematischer Übertragung amerikanischer Produktionsformen auf unsere Verhältnisse, in der Tendenz zur Abkehr von der Beschäftigung lohnpolitisch anspruchsvollerer Qualitätsarbeiter, in einer Art technokratischer Liebhaberei, Fehler des unternehmerischen Tuns ein ökonomisch nicht vertretbares Ausweichen in den maschinisierten „Ideal"betrieb verursachten. Das Paradies der Ungelernten stellte sich schnell als Fata morgana heraus. Die auf ungelernter Arbeiterschaft aufgebaute Produktion, organisatorisch auf der ins Letztmögliche getriebenen Arbeitsteilung, technisch auf der Spezialisation des Maschinellen aufgebaut, kapitalintensiv besonders in die Unsicherheit der Märkte hineingestellt, ist eine sehr empfindliche Ausformung ökonomischen Wirtschaftens und deshalb nur auf der Basis bestüberlegter betriebswirtschaftlicher und volkswirtschaftlicher Erwägungen und Berechnungen für die Dauer mit Erfolg zu organisieren.

Zweiter Abschnitt
Begriff

1. Gelernt und ungelernt im alten und neuen Sinn. — 2. Selbstschulung des Ungelernten. — 3. Vertretbarkeit des Ungelernten. — 4. Ungelernt-angelernt. 5. Niveauunterschiede. — 6. Inhomogenität.

1. Die übliche Unterscheidung der Arbeiter in Gelernte, Angelernte und Ungelernte knüpft an die gewerbliche Verfassung früherer Zeiten an und hat daher jetzt nicht mehr volle Berechtigung[1]. Jahrhundertelang war es üblich und richtig, Leistung nur von denen vorauszusetzen, die eine **gewissen Normen unterworfene Ausbildung** mit Erfolg durchgemacht hatten, in einer Lehre gewesen waren. Alle andern, die Nichtgelernten, zugleich als Ungelernte geltend, entbehrten der qualitativen Leistungsfähigkeit oder konnten ihr, wenn wirklich vorhanden, nicht die rechtlich und wirtschaftlich wirksame Anerkennung verschaffen. Wir stehen in einer Entwicklung, in deren Verlauf der Kausalzusammenhang von Lehre im herkömmlichen Sinn und Leistung seine Ausschließlichkeit verliert. Es wird schon anerkannt, daß der Weg zur Leistung auch auf andere Weise erfolgreich beschritten werden kann, wobei autodidaktisches Aneignen, Erfahrung infolge Branchenbeständigkeit neben persönlichen Eigenschaften eine Rolle spielen. Das kommt auch in der Definition zum Ausdruck, die vom **Ausschuß für das technische Schulwesen, vom Reichskuratorium für Wirtschaftlichkeit und vom Ausschuß für Berufsbildung** über den Facharbeiter geprägt wurde:

„Facharbeiter ist, wer in einer vier- oder mindestens dreijährigen Lehrzeit planmäßig in Werkstatt und Berufsschule für ein größeres, in sich abgeschlossenes Arbeitsgebiet ausgebildet und damit befähigt ist, Arbeiten seines Berufes selbständig und fachgemäß nach Zeichnung oder Muster auszuführen. Die Ausbildung soll durch die Gesellenprüfung abgeschlossen sein. Außerdem kann dem Facharbeiter gleichgerechnet werden, wer in langjähriger Werkstattätigkeit dieselben Fähigkeiten entwickelt und dieselben vielseitigen Fertigkeiten, sowie die gleiche Übung erworben hat, wie sie ein planmäßig in ordnungsgemäßem Lehrgang Ausgebildeter in der Gesellenprüfung nachzuweisen hat."

Der Text läßt erkennen, daß das bisherige Ausbildungsmonopol des Gelernten, den man hier als Facharbeiter bezeichnet, fällt und jedem, der Leistung aufweist, der Weg nach oben freigegeben wird, und zwar

---

[1] H. Herkner: Arbeit und Arbeitsteilung. Grundriß der Sozialökonomik. II. Tübingen.

über die Stufe des Angelerntseins. Die neue Arbeitergruppe der Angelernten wächst zusehends. Zu ihr ist jeder zu rechnen, „der eine größere oder kleinere Gruppe von Hand- und Maschinenarbeiten nach planmäßiger Anlernung, deren Dauer den Schwierigkeiten der Arbeit und dem Alter des Anzulernenden angepaßt ist, auszuführen vermag". Die Entwicklung der Nachkriegszeit zeigte, daß der Aufstieg zum Facharbeiter vom Ungelerntsein nicht mehr nur die Ausnahme ist, sondern immer breiteren Raum gewinnt, besonders in jungen Industrien, für die Lehrverhältnisse überhaupt nicht überkommen, und in jenen Industrien, die in der Produktionsprozeßzerlegung besonders fortgeschritten sind. Laut Reichstarifordnung gelten zum Beispiel als Schuhfabrikarbeiter solche, „die länger als 14 Wochen in der Schuhherstellung beschäftigt sind. Für Aufstiegsmöglichkeiten innerhalb des Gesamtberufes entscheidet die Leistungsfähigkeit[2]". Sinngemäße Stellen enthalten die Tarifordnungen für das Holzgewerbe, für die Metallindustrie, Porzellanindustrie, Gummiindustrie, Papierfabrikation usw.

Die Begriffsbestimmung: „Ungelernter ist, wer nur einzelne Arbeiten oder eine kleine Gruppe oftmals auch wechselnder Arbeit nach kurzen Anweisungen auszuführen vermag", deutet in Verbindung mit den Begriffsbestimmungen über Gelernte und Angelernte schon an, daß Ungelerntsein nur mehr die Feststellung eines vorläufigen Zustandes bedeuten braucht. Die Begriffe „Facharbeiter" und „Hilfsarbeiter" unterliegen dauernden Wandlungen und umschließen in den einzelnen Industrien sehr unterschiedliche Qualifikationen. Der Inhalt des Leistungsbegriffes, die Grenzen des vom Handwerk Überkommenen außer acht lassend, prägt sich unter dem Einfluß geänderter Anforderungen neu. Damit ist die Gruppierung der Industriearbeiterschaft noch ebenso im Fluß wie die Gestaltung der Industriearbeit selbst, je mehr sich die Ausbildung der Arbeiterschaft in die Fabriken verlegt. Im Gegensatz zum Handwerk entbehren die meisten industriellen Arbeitsvorgänge der Stabilität und der Notwendigkeit einer Breitenbeherrschung. Die Leistungsintensität im enger gezogenen Rahmen kann aber auch ohne handwerksmäßige Ganzheitsausbildung erzielt werden.

2. Im Gegensatz zu Lehre und Anlernung beruht die Schulung des ungelernten Arbeiters ganz auf der Empirie. P. C. Bäumer[3] führt darüber aus: „Der Vorgang ist der: Ein Arbeiter wird an eine Arbeit

---

[2] Handbuch der Berufe, Teil I, Band 4, Berufsgruppe XIV. Herausgegeben von der Reichsanstalt für AVAV. Leipzig 1930 ff.

[3] Probleme der sozialen Werkpolitik. Herausgegeben von Götz Briefs, I. Teil: Das Deutsche Institut für technische Arbeitsschulung. Schriften des Vereins für Sozialpolitik. 1930, S. 28 ff.

gestellt, die in ihren Einzelheiten leicht zu übersehen ist und ebenso leicht gehandhabt werden kann. Dem einzelnen wird es anheimgestellt, ob er es allein unternehmen will, ein Maximum in der Arbeitsbeherrschung zu erreichen, oder ob er sich darin nach seinen Arbeitskameraden richten will. So ist diese Form der Arbeitsschulung keine eigentliche Schulung im Sinne einer aktiven Tätigkeit, sondern etwas Passives: Der Arbeiter wird nicht geschult, sondern er schult sich, er ist Autodidakt. Unterziehen wir die Elemente der empirischen Arbeitserlernung einer kritischen Betrachtung, so gewinnen wir als Ergebnis:

a) Die Arbeit ist in ihrem Charakter einfach, um nicht zu sagen primitiv. Sie geistig zu erfassen und dann körperlich zu vollführen, fällt nicht schwer: entweder ist es immer wieder dieselbe Tätigkeit oder nur eine Summe von solchen mit geringem Variationskoëffizienten.

b) Als Schulungsmittel kommt nur die Arbeit selbst in Frage. Daß sie, die in ihrem Zweck nur auf die Erzeugung eingestellt ist, gleichzeitig auch Mittel der Arbeitsschulung sein kann, liegt in ihrer Einfachheit und leichten Erlernbarkeit begründet. Die Einbuße im Effekt, die so noch entsteht, ist geringfügig und fällt daher nicht weiter ins Gewicht.

c) Lehrkosten entstehen natürlich auch hier, denn der Effekt der geleisteten Arbeit, gemessen an einer Maximalleistung der Arbeitskollegen, wird so lange nicht der volle sein, bis der Betreffende seine Arbeit voll und ganz beherrscht und sich dem Arbeitsrhythmus angepaßt hat. Aber sie treten als solche nicht in Erscheinung, denn bei Akkordlohn zahlt der Arbeiter die Lehrkosten als Lohnausfall selbst, nur bei Zeitlohn zahlt sie der Unternehmer, sie sind dann also ein Bestandteil der Produktionskosten.

d) Eine sogenannte Lehrzeit, auch eine sogenannte Anlernzeit, ist nicht vorhanden. Eine gesetzliche Regelung ist daher nicht erfolgt. Daher wird der empirischen Arbeitserlernung meist

e) der gewöhnliche Arbeitsvertrag zugrunde gelegt."

3. Der Leistungswille des im Wettbewerb stehenden Betriebs verursacht, daß das Produktionselement Arbeit in allen seinen Abstufungen bestens eingesetzt werde. Dadurch wird einer großen Gruppe von Arbeitern, zu der besonders die Ungelernten gehören, das dispositive Tun vollständig genommen. Sie sind in reinster Form mit ausführender Arbeit beschäftigt, die fremd-bestimmt und ohne die Möglichkeit eigener Physiognomie und eigenen Charakters ist. Zum größten Teil handelt es sich um werkzeuggebundene Arbeit[4], der sehr häufig der Personen-

---

[4] Th. Brauer: Produktionsfaktor Arbeit. Jena 1925, S. 80: „Die Werkzeuggebundenheit besteht darin, daß Tatsache und Umfang der Beschäftigung dieser Art von Arbeit gewissermaßen eine Funktion der Entwicklung des Werkzeugs sind."

wert „Nichtvertretbarkeit" mangelt. Es liegt im Wesen der Ungelerntenarbeit, daß ihre Träger als „vertretbar" gekennzeichnet werden müssen. Die Glieder können ausgewechselt werden, ohne daß der Produktionsprozeß darunter leidet. Die besonders von der Technik her in den Betrieb getragene Tendenz zum „vollkommenen Betrieb", in dem es möglich ist „ein Ganzes in immer derselben Weise aus peinlich gleichen auswechselbaren Teilen zusammenzusetzen"⁵, hat allerdings auch schon Gelernte und Angelernte vertretbar gemacht; die absolute Vertretbarkeit trifft aber als entscheidendes Merkmal hauptsächlich für den Ungelernten zu. Er steht sozusagen auf ihrer untersten Stufe. Vorweg und jeweils endgültig ist durch die Dispositionen des den Betrieb gestaltenden Handelns ein Tätigkeitsfeld geschaffen, das selbständige Lösungen ausschließt und nur mehr jenes Handeln zuläßt, das v. Gottl das „betriebsfüllende"⁶ nennt.

4. Mit der Einführung des „Lern"prinzips (neben dem bisher bestehenden Prinzip der „Lehre", die sich in eine Handwerkslehre und Industrielehre mit teilweise bemerkenswerten Unterschiedlichkeiten spaltete) entstand Unklarheit in der Abgrenzung der einzelnen Arbeiterkategorien. Einerseits umfaßt die Gruppe der Facharbeiter Gelernte alten Stils und Arbeiter, die aus dem Angelerntsein emporgestiegen sind, andererseits ist eine genaue Trennung zwischen Ungelernten und Angelernten nicht mehr möglich. Die Grenze zwischen den „kurzen Anweisungen", die den Ungelernten kennzeichnen und der „planmäßigen Anlernung", die den Angelernten ausmacht, ist in der Praxis unscharf. Wer eine „kleine Gruppe oftmals wechselnder Arbeit" ausführen kann, gehört noch zu den Ungelernten, wer hingegen eine „kleinere Gruppe von Hand- und Maschinenarbeiten" beherrscht, schon zu den Angelernten. Ausschlaggebend erscheint, daß die Einreihung in eine der beiden Gruppen, abgesehen von tarifpolitischen Erwägungen, auf der Anerkennung der Leistung für den Betrieb beruht und dadurch infolge der amorphen Aneignungsweisen viel Spielraum für individuelle Einordnungen entsteht. Der Individualfaktor Mensch verhält sich als Arbeiter und Betriebsführer jeweils verschieden zur Bewältigung und Beurteilung des gegebenen Arbeitsabschnittes.

5. Schließlich wird die Verwendungsmöglichkeit als Angelernter oder Ungelernter noch sehr stark vom Bildungsniveau im allgemeinen beeinflußt. Innerhalb eines Landes gibt es regionale Leistungsunterschiede, die andeutungsweise dadurch gekennzeichnet werden, daß ein vom Lande Kommender eine sorgfältige Anlernung brauchte, während der Städter aus seiner andersgearteten Milieuerfahrung heraus nach kurzen An-

---

⁵ Th. Brauer: a. a. O. S. 307.
⁶ v. Gottl-Ottlilienfeld: Arbeit als Tatbestand des Wirtschaftslebens. Archiv für Sozialwissenschaft und Sozialpolitik, Bd. 50. Tübingen 1923.

weisungen sein Arbeitsgebiet beherrschen könnte. Weit größer noch sind natürlich die Unterschiede über die Länder und Erdteile hin. Der ungelernte Neger wäre großenteils durchaus nicht in der Lage, die Arbeiten zu beherrschen, deren Bewältigung einem deutschen Ungelernten leichthin gelingt; denn dieser besitzt auf seine Weise die „besonderen" Arbeitseigenschaften: die Fähigkeit, vielerlei zu gleicher Zeit im Kopf und alles in Bereitschaft zu haben, dann, wenn man es braucht, das prompte Zugreifen, die schnelle Hilfe, wenn etwas schief gegangen ist, die rasche Anpassungsfähigkeit an Änderung im Detail der Arbeit, Ausdauer und Zuverlässigkeit —, Eigenschaften, die Marshall als kennzeichnend für ein wirklich industrielles Volk hervorhebt. Die neue Arbeitsorganisation verlangt auch vom Ungelernten mehr Voraussetzungen psychischer und intellektualer Natur. So ist es auch zu erklären, daß die Wirtschaft Japans in so überraschend kurzer Zeit ihre Produktionsweise der der alten Industrieländer angleichen konnte, da es für die von außen hereingeholten modernen Produktionsapparaturen eine Arbeiterschaft zur Verfügung stellen konnte, die zwar nicht als in westlichem Sinne fachlich geschult gelten konnte, wohl aber aus altem Kulturleben heraus auch als Ungelerntenschaft die nötige geistige und seelische Anpassungsfähigkeit aufbrachte.

6. Im Raume der heutigen Industriearbeit umschließt der Begriff des Ungelerntseins fürs erste nichts als nur die Fähigkeit zur autodidaktischen Arbeitsbeherrschung. Die Eingliederung des Ungelernten in die Großbetriebe erfolgt im Rahmen eines kleinen, einfachen Arbeitsgebietes, für dessen Bewältigung wenig kombinatorische Notwendigkeiten gegeben sind. Von diesem Arbeiter wird nur ausführendes, betriebsfüllendes, werkzeuggebundenes Handeln verlangt, wobei allerdings eine gewisse zivilisatorische und kulturelle Bildungshöhe Vorbedingung ist. Die Leistung kann als vertretbar gelten. Es hängt von den im Arbeiter allgemein vorhandenen Kräften und ihrer Aktivierungsmöglichkeit ab, ob die Verwendung als Ungelernter ein Dauerzustand bleibt oder nur den Ausgangspunkt für einen Aufstieg bildet, auf dem in autodidaktischem Lernverfahren die Beherrschung immer umfangreicherer Arbeitskombinationen, vereinigt mit wachsender Betriebs- und Branchenerfahrung, zur tatsächlichen Verwendbarkeitsgleichstellung mit Facharbeitern führt. Es ist selbstverständlich, daß eine Arbeitergruppe, die in sich unter derselben Bezeichnung als „Ungelernte" so verschiedenartig veranlagte und so unterschiedlich zielstrebige Elemente enthält, nicht als homogen zu kennzeichnen ist. Ungelerntsein umschließt beides: am Anfang einer Entwicklungslaufbahn stehen oder andrerseits keine Entwicklungsaussicht mehr haben.

7. Literatur zu den Grundfragen des Themas:

G. Albrecht: Zur Lehre vom Produktionsfaktor Arbeit. Schmollers Jahrb., 48. Jahrg. München und Leipzig 1924. — C. Arnhold: Die menschl. Arbeitskraft im Produktionsprozeß, ihre Schulung und Erhaltung. Bielefeld 1926. — C. Arnhold: Ingenieur-Aufgaben zwischen Mensch und Maschine. In: Deutsche Technik, Oktober 1935. — W. Best: Die Überwindung nachteiliger Folgen der Rationalisierung durch das Amt Schönheit der Arbeit. Großenhain 1935. — Th. Brauer: Produktionsfaktor Arbeit. Jena 1925. — G. Briefs: Das gewerbliche Proletariat, Grundriß d. Sozialökonomik IX, 1. Tübingen 1926. — K. Bücher: Die Entstehung der Volkswirtschaft, I u. I. Tübingen 1926. — Deutschland als Verarbeitungsland. Sonderheft 9 der Frankfurter Zeitung. Frankfurt a. M. o. J. — Diehl-Mombert: Arbeiter und Maschine, Ausgewählte Lesestücke d. pol. Ökonomie, Bd. 20. Jena 1926. — H. Dietzel: Technischer Fortschritt und Freiheit der Wirtschaft. 1922. — J. Gerhardt: Arbeitsrationalisierung und persönliche Abhängigkeit. Tübingen 1925. — J. Gerhardt: Rationalisierung der Industrie, Handwörterb. d. Staatswissensch., Ergänzungsband. Jena 1929. — F. v. Gottl-Ottlilienfeld, Arbeit als Tatbestand des Wirtschaftslebens, Archiv f. Sozialwiss. u. Sozialpol., 50. Bd. Tübingen 1923. — F. v. Gottl-Ottlilienfeld: Vom Sinn der Rationalisierung. Jena 1929. — H. Herkner: Die Arbeiterfrage. Berlin 1922. — B. Köhler: Das Recht auf Arbeit als Wirtschaftsprinzip. Berlin 1934. — H. de Man: Der Kampf um die Arbeitsfreude. Jena 1927. — H. Marr: Die Massenwelt im Kampf um ihre Form. Hamburg 1934. — A. Marshall: Principles of economics. London 1891. — Nachkriegskapitalismus, Sonderheft der Frankfurter Zeitung. Frankfurt a. M. 1931. — Reichsanstalt für Arbeitsvermittlung und Arbeitslosenversicherung, Handbuch der Berufe. Leipzig 1930 ff. — Reichsstand der Deutschen Industrie: Wege zur Behebung des Facharbeitermangels. Berlin, Selbstverlag. — H. Schack: Rationalisierung der Industrie, Handwörterbuch der Staatswissensch., Ergänzungsband. Jena 1929. — G. Schmoller: Tatsachen der Arbeitsteilung, Schmollers Jahrbuch, 1889. — G. v. Schulze-Gävernitz: Der Großbetrieb, 1893. — W. Sombart: Das Wirtschaftsleben im Zeitalter des Hochkapitalismus, I u. II. München und Leipzig 1927. — F. W. Taylor: Grundsätze der wissenschaftl. Betriebführung. Berlin 1917. — A. Voigt: Mechanisierung der Arbeit, Handwörterb. d. Staatswissensch. VI. Jena 1925. — Adolf Weber: Der Kampf zwischen Kapital u. Arbeit. Tübingen, 5. Aufl., 1930. — Max Weber: Wirtschaft und Gesellschaft, Grundriß d. Sozialök. III. Tübingen 1922. — F. Wegener: Das Arbeitsschicksal. Tatbestand und Problematik des Schicksals von der Arbeit her. Berlin 1934.

Dritter Abschnitt
Der Arbeitsinhalt
§ 1. Gruppierung nach Verwendungsarten

1. Stellung innerhalb der Produktion. — 2. Ungelernte alten und neuen Stils. — 3. Gruppierungsmöglichkeiten. — 4. Transportarbeiter. — 5. Helfer. — 6. Maschinenarbeiter. — 7. Arbeiter an Apparaten und Arbeitsvorrichtungen.

1. Die Freiheit in der Organisation des Produktionsprozesses, begonnen mit den zunftfreien Großbergbauunternehmungen des ausgehenden Mittelalters, fortgesetzt in den Manufakturen, vollendet (in Deutschland) im 19. Jahrhundert, brachte die Auflösung der Starre der

Berufsformen in großem Ausmaße und damit die Entwicklung der Ungelerntenschaft. Die Tätigkeiten und Arbeitsgebiete der ungelernten Industriearbeiter ändern sich seitdem ständig infolge ihrer engen Verbundenheit mit den stets sich ändernden Produktionsprozeßgestaltungen. Ungehemmt von Traditionen erfolgen Einsatz und Freisetzung nach den jeweiligen Bedürfnissen nicht nur der Produktionsgruppen, sondern der einzelnen Betriebe. Ungelerntenarbeit hat größtenteils die natürliche und beständig bleibende Bindung an Erzeugnisse gleicher Art verloren, die die Berufe alten Stils kennzeichnet, sie ist lose in den Produktionsablauf eingegliedert, steht nur mehr füllend neben oder zwischen den Produktionsmitteln, unbetont, nicht sie beherrschend, sondern sie bedienend. Da sich bei der Bildung von Ungelerntenarbeit das Prinzip der Arbeitsteilung bis in die letzten Möglichkeiten atomisierter Arbeitsprozeßzerlegung auswirkt („aus dem handwerklichen Sonderarbeiter, der noch Vollarbeit leistet, wurde überwiegend der Teilarbeiter und aus diesem der **Bruchteilarbeiter**"[1]), häuft sich die Ungleichartigkeit des kleinsten Tuns und läßt die Durchgliederung in ein System von Gruppen nicht mehr zu. Daher kann nur die Aufteilung in große Blöcke einen Überblick über die Arbeitsgleichartigkeit der Ungelernten geben.

2. Die Ungelerntenarbeit in der vor- und frühmaschinellen Wirtschaftsperiode bedurfte eines wesentlich anderen Arbeitertyps als in der Zeit der entwickelten Maschinisierung. Der Ungelernte alten Stils wurde vor allem als Muskelmaschine verwendet, er verrichtete zum großen Teil primitive Lastenträger- und Kulidienste, an die Verstandeskräfte wurden keine oder nur ganz unerhebliche Anforderungen gestellt. Selbst der Analphabet war noch brauchbar, wenn er nur über entsprechende Körperkräfte verfügte, um mit Schiebkarren, Schaufel und Brecheisen seine Arbeit zu tun. Ganz im Sinne einer gesunden Rationalisierung und in Verfolg einer wünschenswerten Menschenökonomie drängte die technische und ökonomische Entwicklung die Verwendung dieses alten Typs, die eine Verschwendung von Arbeitskraft und eine Herabwürdigung des Menschen überhaupt darstellte, immer mehr in den Hintergrund und schuf den Typ des neuen Ungelernten, als dessen Verwendungsbasis nicht mehr die Kraft der Muskulatur, sondern die psychische Kraft gelten kann[2]. Wenn auch die Zahl der als gänzlich Ungelernte alten Stils verwendeten Menschen ständig sinkt, so erscheint doch natürlich, daß je nach der technischen Ausstattung des einzelnen Betriebs noch immer Bedarf isoliert eingesetzter menschlicher Muskelkraft besteht. Da aber der Leistungswettbewerb die Betriebe entweder zur Modernisierung des technischen Apparats zwingt oder aus dem

---

[1] v. Gottl-Ottlilienfeld: Archiv für Sozialwissenschaft und Sozialpolitik, Bd. 50. Arbeit als Tatbestand des Wirtschaftslebens. Tübingen 1923.

[2] Adolf Weber: Wirtschaftspolitik. I. München und Leipzig 1932. (S. 473 ff.)

Wirtschaftsleben ausschaltet und andrerseits die deutsche Arbeiterschaft schon seit einigen Jahrzehnten nur mehr eine geringe Bereitschaft zur Übernahme solcher Arbeiten zeigt, wird die Gruppe der Ungelernten alten Stils immer kleiner.

3. Die Klassifizierung der heutigen ungelernten Industriearbeiterschaft kann nur in zwei großen Blöcken geschehen. Durch das Wesen ihrer Arbeit sind auf der einen Seite alle zusammengefaßt, die mit Transporten aller Art innerhalb des großgewerblichen Erzeugungsprozesses beschäftigt sind, während die andere Gruppe jene umfaßt, die in den eigentlichen Produktionsvorgang selbst eingeschaltet sind. Gleichzeitig wirkt sich innerhalb dieser beiden Gruppen noch das Technische der Arbeitsleistung gruppenbildend aus, insofern als die geforderten Tätigkeiten von Hand (und mit Werkzeughilfe) oder in Verbindung mit Maschinen geleistet werden. Das Ineinandergreifen organisatorischer und technischer Elemente schafft also folgende Gruppen von ungelernten Industriearbeitern:

I. Transportarbeiter:
 1. als Träger im engsten Wortsinn und Benützer einfacher mechanischer Geräte,
 2. als Bediener von Transportmaschinen.

II. Produktionsarbeiter:
 1. als Handarbeiter mit einfachen Werkzeugen,
 2. als Arbeiter an Maschinen, Apparaturen und Arbeitsvorrichtungen.

Der Habitus der einzelnen oben genannten Arbeitergruppen zeigt ganz charakteristische Verschiedenheiten. Während die Träger (im engsten Sinne des Wortes) noch Muskelmaschinen im eigentlichen Sinne sind, an die geistige Anforderungen nicht oder fast nicht gestellt werden, sind vom Maschinenarbeiter schon verhältnismäßig hohe Qualifikationen verlangt, allerdings solche, die wegen ihrer naturnotwendigen Einseitigkeit noch leichter zu erringen sind als die Vollqualifikationen der Facharbeiter und Handwerker. Insofern schließt die oben angegebene Ordnung der ungelernten Arbeiterschaft zugleich eine aufsteigende Wertreihung in sich. Art und Größe des Einsatzes der einzelnen Ungelerntengruppen entscheiden sich aus den ökonomischen Notwendigkeiten. Da aber richtig durchgeführte Ökonomie beim Einsatz der wertvollen menschlichen Arbeitskraft unleugbar die Tendenz zeigen muß, Handlangerarbeit in raschem Tempo durch Indienststellung der Naturkräfte dem Menschen abzunehmen und ihn immer lückenloser nur dort einzusetzen, wo ihm seine Nichtersetzbarkeit durch das Mechanische erst seinen Wert verleiht, wo also die psychischen Kräfte von letzter Bedeutung werden, ist es natürlich, daß die niedrigsten Gruppen menschlicher Ungelerntenarbeit einer zunehmenden Verringerung ausgesetzt sind, während die ungelernte Arbeiterschaft an Maschinen und Apparaturen nicht nur an Zahl, sondern auch an ökonomischer Bedeutung gewinnt.

4. Der Transportarbeiter ist zwar auch heute noch in den Großbetrieben verwendet. Das darf aber nicht darüber hinwegtäuschen, daß sich sein Einsatz, ins Verhältnis zur Steigerung der Produktion gesetzt, als stark sinkend darstellt. Wohl ist auch in rationalisierten Werken noch immer eine Summe nicht regelmäßiger und nicht gleichartiger Güterverlagerungen vorhanden, für die individueller Menscheneinsatz ökonomisch erscheint. Nicht nur die ungleichartigen technischen Vollendungsstufen, auf denen die einzelnen Werke stehen, sind dafür die Ursachen, sondern auch die Größenverhältnisse der jeweiligen Betriebsproduktion. Daher spielt Transport von Hand oder mit einfachen Werkzeugen und Rollgeräten noch eine Rolle und wird von ausgeprägt Ungelernten vollzogen. Zu ihnen gehören, um nur einige Beispiele zu nennen, die Hofarbeiter, Platzarbeiter, Auflader, Ablader, Verlader, Abträger, Zuträger, Rampenarbeiter, Sortierer, Aufstapler, Lagerarbeiter, Magazinarbeiter, Bodenarbeiter; die Haldenarbeiter, Abräumer, Aschefahrer, Schlackenfahrer, Staubfahrer, Eisenfahrer, Kohlenkarrer, Spänefahrer, Lorenschieber, Luppenschlepper, Karrenfahrer, Kippwagenbegleiter, Wagenschieber, Schichtschlepper; die Bunkerarbeiter, Kastenfüller, Luppenbrecher, Eisenträger; die Spulenfahrer, Spulenträger, Zuleger, Abfallsammler usw.[3]

Die ständig fortschreitende Ausschaltung Ungelernter bei der Lastenförderung hängt mit der zunehmenden technischen Entwicklung der Maschinen zusammen, die uns in wachsendem Maße von dieser schweren Arbeit befreien. Die Dezentralisation der Kraftquellen (Explosionsmotor) und die leichte Übertragbarkeit der Energie (Elektrizität) vergrößerten die Möglichkeiten, die Mechanisierung der Transporte durchzuführen, und zwar bis in letzte Verzweigungen des Produktionsapparates hinein, für die in den Zeiten der Dampfmaschinen mit ihren verlustreichen Übertragungssystemen die ökonomischen Voraussetzungen noch nicht gegeben waren. So kommen neben den Werkbahnen, Seilbahnen und Aufzügen immer häufiger Krane, Laufkatzen, Bagger, Elektrokarren, Schüttelrutschen, Elevatoren und laufende Bänder individueller Bauart in Verwendung. Dazu gesellen sich die betriebsorganisatorischen Bemühungen, die kürzesten Wege zwischen den Produktionsphasen zu finden. Die technische Entwicklung der Transportmaschinen und -apparaturen ist heute schon so vollendet, daß, von Ausnahmen abgesehen, Ungelernte die Bedienung übernehmen können. So vollzieht

---

[3] Eine umfassende Aufzählung gibt das Berufsverzeichnis des Statistischen Reichsamtes.

sich wohl zunehmend die Freisetzung von ungelernten Transportarbeitern alten Stils, die gebändigte Naturkraft übernimmt ihre Arbeiten und wird dabei von Ungelernten neuen Stils geleitet, deren geistiger Wirkungseinsatz menschenwürdiger und ökonomisch optimaler ist.

5. In der Gruppe der als Produktionsarbeiter bezeichneten Ungelernten bilden die Helfer eine zwar zahlenmäßig wohl kleine, aber strukturell bedeutsame Rolle. Im Großbetrieb häufte sich mit fortschreitender Arbeitszerlegung der ständige Anfall leichter Hand- und Hilfsarbeiten, die im Handwerksbetrieb noch von den Gelernten sozusagen zwischenhinein (und unter besonderer Verwendung der Lehrlinge) erledigt worden waren. Die Abtrennung dieser Hand- und Hilfsgriffe (nach dem Grundsatze Taylors: Dem gelernten Arbeiter sollen alle jene Arbeiten genommen werden, die auch der ungelernte verrichten kann, damit er eben nur die wichtige erlernte Arbeit als Spezialität verrichtet) geschieht im Rahmen der wissenschaftlichen Betriebsführung methodisch. Wenn auch ein Teil der abgetrennten Hilfsleistungen möglichst auf Mechanismen und Maschinen übertragen wird, bleibt doch ein Rest von Ungelerntenhand zu tun. Diese Helfer verrichten teils unter der Aufsicht Gelernter Arbeiten, die als vorbereitende für die folgende Gelerntenarbeit dienen oder abschließend auf solche folgen, oder sie arbeiten in enger Verbindung mit Gelernten, in Arbeitsgemeinschaft mit ihnen und unter ihrer Aufsicht. Es handelt sich dabei um Arbeit, die einer allein nicht oder nur mit Einbuße am eigentlichen Leistungserfolg ausführen kann[4]. Die für den Ungelernten zu erwerbende Geschicklichkeit ist dem Umfang nach eng begrenzt, wie das Beispiel des Nietenwärmers oder Gegenhalters beim Nieten zeigt, trägt aber stark zu einer erhöhten Arbeitsleistung des gelernten oder angelernten Nieters bei. Wichtig erscheint, daß diese Helfer sehr häufig in ihrer Zusammenarbeit mit den Qualifizierten einen Erfahrungsschatz sammeln können, der ihren Aufstieg in die Angelerntenstellung ermöglicht. Genaue Grenzen zwischen ungelernt und angelernt lassen sich nicht ziehen, je nach der Betriebsorganisation werden Helfer auch schon als Angelernte angesprochen. Sehr häufig rücken Jugendliche auf Helferplätze ein. Sie werden abwechselnd an den verschiedensten Stellen des Betriebes verwendet in der ausgesprochenen Absicht, sie dann dort anzulernen, wo sie am geeignetsten erscheinen. Dauerbeschäftigung finden daneben manchmal auch noch Leute, die als nicht mehr voll verwendungsfähig gelten müssen, wie Unfallverletzte. Als Beispiele für Helferarbeit seien genannt: Junge, Anfänger, Zuleger, Wärmebursche, Vorwärmer, Vorhalter, Stemmer, Hilfswalzer, Rohrlegehelfer, Installationshelfer, Schmiedhelfer, Türenmann, Börtlergehilfe, Pressergehilfe; Aufstecker, Fadenanleger, Faden-

---

[4] John H. Ashworth: The Helper and American Trade Unions. Baltimore 1915.

andreher, Einleger; Holländergehilfe, Kalandergehilfe, Kochergehilfe, Rollergehilfe usw. Nicht so sehr in unmittelbarer Arbeitsgemeinschaft mit Gelernten, wohl aber unter ihrer Aufsicht arbeiten die Schaber, Zurichter, Kratzer, Aufsetzer, Ausputzer, Verstemmer; Baggerschmierer, Klappenschläger, Anschläger, Stopfenmacher und endlich die Gruppe der Rottenarbeiter überhaupt. Aus der geringen Prägnanz des zugeteilten Arbeitspensums und der großen Veränderlichkeit des Arbeitsgebietes ergibt sich oft nicht einmal mehr eine individuelle Arbeitsbezeichnung, sondern nur mehr die Benennung als Helfer, Hilfsarbeiter, 2. Mann, 3. Mann usw., wodurch die Abgrenzung gegenüber Angelernten nur mehr bei ganz genauer Kenntnis des Arbeitsvorgangs im einzelnen Fall möglich wird.

6. Als jüngste und wichtigste Gruppe der Ungelerntenschaft in der Industrie stellt sich die Maschinenarbeiterschaft dar. Um die Wende des 20. Jahrhunderts konnte man noch mit Recht bezweifeln, ob der Mann an der Maschine überhaupt zu den Ungelernten zu rechnen sei. In den letzten Jahrzehnten hat sich aber eine Entwicklung im Werkzeugmaschinenbau (analog dem Transportmaschinenbau) vollzogen, die erfolgreich der Tendenz zur einfachen Bedienung zum Durchbruch half. Die von der Wissenschaft geführte Technik vermag jetzt immer mehr die kompliziert arbeitenden Mechanismen aus einfachen, übersichtlichen, leicht auswechselbaren und sicher funktionierenden Bauelementen zusammenzufügen, so daß die Bedienung zum Teil „kinderleicht" wird, und in Ländern ohne gesetzlichen Jugendschutz auch wirklich häufig Kindern übertragen ist. Es ist wohl möglich, daß beim Fortschreiten der Intensivierung der Produktionsmittel, die zur erschöpfenden Automatisierung der Produktion führen will, die absolut vertretbare Ungelerntenarbeit, als bloßes Anhängsel der Maschine, abgestoßen wird und nur mehr der relativ vertretbare qualifizierte Arbeiter als „Wächter der Maschine" oder der „Ingenieur am Schaltbrett" tätig sind, doch liegt die Verwirklichung innerhalb des gesamten Produktionsapparates noch in weiter Ferne. Wohl brauchen viele Maschinen, oft weniger zu steter Bedienung als zu steter Eingriffsbereitschaft, den hochwertig Angelernten oder sogar die umfassende Sachkenntnis des Qualitätsfachmanns, wohl ist für Gruppen von Werkzeugmaschinen, gewissermaßen im Hintergrunde, der aufsichtführende und betriebsbereit machende Qualitätsarbeiter aufgestellt, wohl kann für die Maschinenbedienung im Einzelfall oft nur schwer die Grenze zwischen angelernt und ungelernt gefunden werden, trotzdem steht heute fest, daß sich der Ungelernte weite Gebiete der Arbeit an und mit Maschinen erobert hat. Wenn dabei sogar die Frau als ungelernte Arbeiterin an Maschinen einrückt, so dient auch das als Beweis dafür, daß die Bedeutung der berufsmäßigen Ausbildung für die Bedienung vieler Werkzeugmaschinen un-

wesentlich geworden ist und sogar die zur Industriearbeit allgemein geeignetere Körperkonstitution des Mannes in vielen Fällen nicht mehr unbedingt nötig erscheint.

In den Vereinigten Staaten von Nordamerika wurde zuerst in großem Maßstabe die Industrialisierung unter ausgiebiger Verwendung von Ungelernten an Maschinen durchgeführt. Der große Einwandererstrom aus Europa, zumeist aus agrarischen Gebieten stammend, konnte in den Fabriken nur verwendet werden, wenn genügend Werkzeugmaschinen bereitstanden, zu deren Bedienung besondere Vorkenntnisse nicht nötig waren. Infolge der dauernden Knappheit an Gelernten und der damit verbundenen hohen Löhne wurde also hier das System der maschinisierten Großproduktion mit Hilfe von Ungelernten entwickelt[5] und machte seinen Weg über Amerika hinaus in die älteren Industriestaaten Europas. Die Maschinen aus dieser Entwicklungsepoche verrichten nur jeweils ein kleines Teilchen eines stark produktionsprozeßzerlegten Arbeitsverlaufs und bedürfen nur primitiver Bedienung. Im weiteren Verlauf beginnt die Entwicklung der kompliziert arbeitskombinatorischen Werkzeugmaschinen, für die zwar noch keinerlei Gelerntenkenntnisse, wohl aber Qualitäten andrer Art nötig werden. Der neue Maschinenarbeiter ist mit den alten ungelernten Arbeitern nicht mehr vergleichbar. In dem Maße, in dem sich die moderne, zusammengesetzt arbeitende Werkzeugmaschine durchsetzt, steigen die Ansprüche an die psychischen Voraussetzungen des Arbeiters und an sein Bildungsniveau. Die Anforderungen differenzieren sich und führen zum spezialisierten Arbeitereinsatz und damit zu einer Auslese, die immer häufiger den geeigneten Mann an den rechten Platz setzt. So entsteht aus der innerlich ungegliederten Ungelerntenmasse der industriellen Frühzeit ein sehr individuell nach Wertmaßstäben gegliedertes Gefüge, in dem die Vorstellung der Minderwertigkeit ungelernter Arbeit immer weniger zu Recht besteht. Vom modernen ungelernten Maschinenarbeiter wird eine achtbare Qualität gefordert. Wohl unterscheidet ihn vom Gelernten an der Maschine noch das Fehlen der Lehrzeit und vom Angelernten der größere Anlernprozeß. Aber gleichwie von ihnen werden auch von ihm unvergleichlich wichtigere Eigenschaften als früher verlangt. Er muß klug und wachsam sein und Sinn für die Bedeutung von Kleinigkeiten haben, seine Intelligenz muß ihn zur Einsicht in die Tätigkeiten seiner Maschine befähigen, sein Verantwortungsgefühl muß ausgeprägt sein, er muß innere Widerstandskraft gegen Monotonie besitzen. Es verbindet ihn etwas mit „seiner" Maschine, ihre saubere Zweckmäßigkeit und stete Zuverlässigkeit beeinflußt auch seine Struktur. Die Exaktheit der Leistung, die aus seiner

---

[5] E. S. Cowdrick: Manpower in Industrie. 1930.

Zusammenarbeit mit ihr entspringt, erweckt in ihm auch Stolz und Leistungsfreude. Wenn schon Abhängigkeit von ihr besteht, so ist sie, unpersönlich, leichter zu ertragen als die Abhängigkeit von Menschen und ihren Launen. Maschinenarbeiter haben eine starke und gesunde innere Stabilität, die den Ungelernten alten Stils mit ihrer Hilfsarbeit des Da und Dort, des Überall und Nirgends durchaus mangelt. Der Maschinenarbeiter erfüllt im Produktionsgefüge eine genau präzisierte Leistung mit zweckmäßiger Klugheit und ruhiger Entschiedenheit und erkennt auch darin seinen Wert. Die Sicherheit, seine Aufgabe mit Hilfe der Maschine erfüllen zu können, entlastet. Daher kommt es auch, daß Maschinenarbeit von Ungelernten so häufig anderen Arbeiten vorgezogen wird. Der einfache Arbeiter steht der Problematisierung des Verhältnisse von Mensch und Maschine fern. — Art und Größe des Ungelernteneinsatzes an Maschinen sind innig mit deren Entwicklung verbunden. „Soweit sich aus der Analyse der modernen Werkzeugmaschine gesetzmäßige Wechselbeziehungen zwischen dem Anforderungs- und dem Leistungsbild gewinnen lassen, muß als Ergebnis folgende Entwicklungsrichtung festgestellt werden: Der alte handwerkliche Geschicklichkeitsarbeiter hat sich zum Maschineneinrichter und Maschinenwärter umbilden müssen. Für die Arbeiter am einfachen Arbeitsgerät kam es noch auf das Können an, mit wenig Werkzeugen vielerlei Arbeitsverrichtungen auszuführen. Der Maschinenautomat erfordert vom Arbeiter ein Wissen, um den Sinn und das Funktionieren des komplizierten Maschinengebildes zu verstehen. Zwischen diesen Gegensätzen liegen in verschiedenen Variationen die Zwischenstufen der angelernten und ungelernten Arbeitskräfte, die dort ihre Funktion haben, wo die Werkzeugmaschine noch nicht gelernt hat, allein und selbständig zu arbeiten[6]." Infolge der zunehmenden Eingliederung von Werkzeugmaschinen in die Industrieproduktion und der ständigen Entwicklungsverschiebungen in den Konstruktionen ist das Arbeitsgebiet der ungelernten Maschinenarbeiter weit verzweigt. Fast ausnahmslos können sie jene einfachen Maschinen bedienen, durch die jene Werkzeuge ersetzt werden, die in allen Industrien zur Herausarbeitung der Formen, also zum Stanzen, Ziehen, Pressen, Fräsen, Stoßen, Hobeln, Schärfen, Schlichten, Bohren, Drehen, Biegen, Glätten usw. dienen und daraufhin gebaut sind, daß sie nach einmaliger Einrichtung dieselbe Leistung beliebig wiederholbar vollziehen. Je spezialisierter die Maschinenleistung ist, desto lückenloser liegt die Führung in Ungelerntenhand, je universaler die Verwendbarkeit und je wechselnder die Verwendung ist, desto mehr geht die Bedienung und Lenkung an Angelernte und Gelernte über. Halbautomaten, auch kombinatorischer Art, wie zum Beispiel

---

[6] R. Woldt: Betriebssoziologische Studien. Münster 1933.

Revolverautomaten, können Ungelernten anvertraut werden, die oft sogar mehrere gleichzeitig bedienen. Je mehr sich der Maschinentyp dem Vollautomaten nähert, um so mehr wird naturgemäß die Zahl der mit ihnen Beschäftigten verringert und die Bedeutung des Gelernten, des „technischen Arztes", erhöht. Über die voraussichtliche Entwicklung der Maschinen zum Vollautomatismus hin, die von Technologen gern dargestellt wird, läßt sich nichts Sicheres sagen. Der Vollautomat, erst seit kaum 25 Jahren in Gebrauch, steht noch in zu kurzer Entwicklung. Außerdem hängt seine Zukunft in erster Linie nicht von technischen, sondern von ökonomischen Voraussetzungen ab, deren Vielfältigkeit und praktische Wirksamkeit für die Zukunft nicht abzusehen sind. Jedenfalls ist bei der ungelernten Maschinenarbeiterschaft, im Gegensatz zu den vorher geschilderten Gruppen der Ungelerntenschaft, eine sinkende Tendenz in der Beschäftigung noch nicht zu erkennen, sondern es ist anzunehmen, daß ihr Anschwellen, das seit der Jahrhundertwende klar erkennbar ist, sich auch weiterhin fortsetzt. — Es ist aus mancherlei Gründen kaum möglich, einen Katalog der ungelernten Maschinenarbeiter aufzustellen. Vor allem ist die Nomenklatur durchaus uneinheitlich, sogar innerhalb desselben Industriezweiges. So kann unter einem Eisendreher sowohl ein gelernter als auch ein angelernter oder ungelernter Arbeiter verstanden sein. Auch eine Fixierung der Tätigkeit nach der Art der Maschinenarbeit führt nicht zur Klarheit; an Prägemaschinen zum Beispiel stehen, je nach der Maschinenkonstruktion, der Materialverwendung, der Schwierigkeit der Arbeitsleistung und der Betriebsorganisation Arbeiter aller drei Kategorien. Schließlich werden noch für vergleichbare Arbeitsleistungen an vergleichbaren Werkzeugmaschinen dieselben Arbeiter aus verschiedenen Gründen als Angelernte oder Ungelernte bezeichnet. Jugend, Alter, Dauer der Betriebszugehörigkeit, tarifpolitische Erwägungen, Betriebsstandort, Betriebsgröße und individuelle Gründe der Betriebsführer werden dabei wirksam. Da die Gemeinsamkeit wesentlicher Arbeitsmerkmale, die bei den Gelernten gegeben ist, hier häufig fehlt, mangelt auch die sichere „Berufsbezeichnung" und läßt die Möglichkeiten individueller Beschäftigungsbezeichnungen reichlich zu.

7. Schließlich seien noch einige Sondergruppen ungelernter Industriearbeiterschaft erwähnt, die in Verwandtschaft zu den Maschinenarbeitern stehen. Die stoffändernden Industrien haben als Arbeitsmittel die Apparaturen entwickelt. In ihnen vollziehen sich größtenteils die chemischen Vorgänge, Analysen und Synthesen. Gewinnung von Metallen, Salzen, Säuren, Laugen, mineralischen Ölen und Fetten geschieht in großen Fabriken. Dabei werden, abgesehen von den Transport- und Hilfsarbeitern einerseits und der verhältnismäßig großen Anzahl von gelernten Betriebshandwerkern andrerseits, eigene Gruppen von Pro-

duktionsarbeitern verwendet, die an der Hand einer, von den Chemikern ausgearbeiteten, genau festgelegten Anweisung im vorgeschriebenen Zeitpunkt oder nach Eintritt bestimmter augenfälliger Tatsachen durch Bedienung von Hebeln oder Ventilen oder durch Einschaltung von Vorrichtungen chemische Reaktionen umzuleiten, einzuleiten oder zu unterbrechen haben. Sie brauchen weder von dem Wesen der Vorgänge noch von der Notwendigkeit und inneren Wirkung der einzelnen Vorschriften etwas zu wissen. Diese Arbeiter sind im allgemeinen als nichtgelernte bzw. ungelernte zu bezeichnen[7]. Besonders von ihnen wird ein ziemlich großes Maß von Verantwortungsgefühl verlangt, da ihnen in vielen Fällen teure Produktionseinrichtungen sowie hochempfindliche Arbeitsprozesse anvertraut sind, deren Gelingen von einer genauen Beobachtung der Apparate und deren gewissenhafter Bedienung abhängt. Die zu verrichtenden Arbeiten sind sehr vielgestaltig und nicht weiter nach Kategorien abgrenzbar. — Eine weitere Sondergruppe bilden die Arbeiter an einfachen Arbeitsvorrichtungen. Sie sind überall dort in den Produktionsprozeß eingegliedert, wo Einzelteile unter Zuhilfenahme von individuell-zweckmäßigen Hilfsvorrichtungen zusammengefügt werden. Es können durchaus Ungelernte diese Arbeiten verrichten, denen aber gewisse Spezialveranlagungen (Fingerfertigkeit, Fähigkeit des Überblicks, des Beurteilens, allgemeine Gewandtheit, konstruktives Denken) eignen müssen. Sie behalten ihre Arbeitsplätze, wenn ihre prinzipielle Eignung erwiesen ist, durchwegs solange wie möglich, da sich nur aus der langen Dauer ihrer Tätigkeit heraus ihre unübertreffliche Arbeitsleistung entwickeln kann, die sie ausnahmsweise zu fast nicht mehr vertretbaren Arbeitern werden läßt. Gleich ihnen sind in den stark arbeitsteiligen Produktionsprozeß jene Arbeiter eingeschaltet, denen Prüfungen über Maßhaltigkeit und Eignung zur Weiterverarbeitung obliegen. Auch sie können grundsätzlich ungelernt sein. Sie bedienen sich aller Arten von Meß- und Kontrollinstrumenten, bedürfen aber ganz besonderer Eigenschaften, der Feinfühligkeit, des Augenmaßes, des Formensinnes usw., und steigern diese in ständiger Übung an der Arbeit. Mit der immer stärkeren Anwendung der Arbeitsteiligkeit gewinnt die Forderung nach Maßhaltigkeit an Bedeutung, der Spielraum der „Toleranzen" verengert sich, und damit steigt der Wert der mit Maßhaltigkeitskontrollen Beschäftigten. Die sicher vorhandene Tendenz zum Ersatz des menschlichen Könnens durch maschinelle Kontrollmechanismen ist teils aus technischen, teils aus ökonomischen Gründen nicht überall zur Wirksamkeit zu bringen.

---

[7] Handbuch der Berufe. Herausgegeben von der Reichsanstalt für Arbeitsvermittlung und Arbeitslosenversicherung. Leipzig 1930 ff.

§ 2. Eingliederung in die Hauptindustrien

1. Kohle. — 2. Erzbergbau und Verhüttung. — 3 Steine und Erden. — 4. Chemie. — 5. Metallbearbeitung. — 6. Keramik und Glas. — 7. Textilien. — 8. Leder. — 9. Nahrungmittel. — 10. Möbel. — 11. Papier. — 12. Spielwaren und Musikinstrumente[8].

1. Kohle[9]. Die ältere Steinkohlenproduktion reorganisierte sich zwischen 1924 und 1929, die jüngere Braunkohlenindustrie war von vornherein technisch stark rationalisiert, so daß 1930 bereits 95% der gesamten deutschen Kohlenförderung maschinell gewonnen werden konnten, während es 1925 erst ca. 50% waren. Dabei sank die Beschäftigtenziffer von 1924 bis 1930, also noch bis vor der Auswirkung der Krise, von einer Million auf eine halbe. Wohl hatten die Durchführung der während des Krieges und der Ruhrbesetzung zurückgestellten Gesteinsarbeiten und die Veränderungen des Schichtensystems über Tag (Übergang von der zweischichtigen zur dreischichtigen Belegung) eine vorübergehende Vermehrung des Anteils der nur mittelbar produktiven Arbeiter und damit eine Veränderung im Verhältnis der ungelernten zuungunsten der gelernten Arbeiter gebracht, — der Abbau der Belegschaften im Jahre 1924 nach Aufhebung der Demobilmachungsverordnungen, nach Beendigung der Ruhrbesetzung und nach der Rückkehr zur zweischichtigen Belegung über Tag aber hatte das alte Verhältnis wieder hergestellt. Es ist jedoch schwierig, den Anteil der Ungelernten genau abzuzweigen. Unter „Gelernten" werden üblicherweise zwar die als Bergarbeiter unter Tag ausgebildeten Kräfte (Hauer) verstanden, eine planmäßige Ausbildung erfolgt aber erst durch das Dinta seit 1. Jan. 1926. Im allgemeinen kann man im Steinkohlenbergbau die Zahl der ungelernt Tätigen auf ein Siebentel der „Bergarbeiter" rechnen[10]. Meist sind es Jugendliche, die an Lesebändern und sonstwo als Hilfsarbeiter, als Schichtschlepper, später als Gedingeschlepper verwendet werden. Eine Grenze gegenüber dem Angelerntsein ist nicht leicht zu ziehen. Die technische Entwicklung hat die Tätigkeiten, in denen es vorwiegend auf die Anwendung körperlicher Kräfte ankam, eingeengt und damit die Beschäftigungsmöglichkeiten für die im üblichen Sinne des Wortes ungelernten Arbeiter beschränkt. Auch die geologische Struktur der Abbaufelder spielt eine maßgebende Rolle. Die niederrheinisch-westfälischen und niederschlesischen Gruben be-

---

[8] Die Grundlagen für die folgende Darstellung liefern in der Hauptsache die Veröffentlichungen des I. und III. Unterausschusses des „Ausschusses zur Untersuchung der Erzeugungs- und Absatzbedingungen der deutschen Wirtschaft" (Enquêteausschuß), 1927 ff.
[9] Enquête, III. Unterausschuß: Die Deutsche Kohlenwirtschaft. 1929.
[10] Statistik des Deutschen Reiches, Band 402.

schäftigen einen geringeren Prozentsatz Nichtgelernter als die oberschlesischen (1928: 41% und 44,8% gegen 79,4%). — Vor dem Kriege spielten die Polen an der Ruhr eine bedeutende Rolle als ungelernte Bergarbeiter, indem sie für Arbeiten eingesetzt wurden, für die Deutsche kaum mehr bereit waren. Nennenswert traten sie seit 1880 in Erscheinung und brachten als wesentliche Eigenschaft ihre unverbrauchte Kraft mit. Sie wurden meist als Transportarbeiter, Tagelöhner, Rangierer und Rottenarbeiter verwendet. Es stand ihnen aber auch, wie allen ungelernten Bergarbeitern, der Weg zu dem als Facharbeiter geltenden Vollhauer offen. Der übliche Ausbildungsgang war: Schlepper, Bremser, Lehrhauer, Vollhauer. Wenn man auch bei der Einführung von Maschinen im Bergbau Wert auf solche legte, die durch Ungelernte bedient werden konnten, so waren die Polen doch durch das tiefere Niveau ihrer Gesamtbildung im Vergleich zum deutschen Arbeiter weniger zum Aufstieg geeignet.

In den Braunkohlenrevieren ist die Beschäftigungsmöglichkeit für Ungelernte weit stärker als im Steinkohlenbergbau gegeben. Ihre Zahl ist fast so hoch wie die der „Bergarbeiter", da der Abbau der Braunkohle häufig über Tag erfolgt[11]. Aus der Ausdehnung der Braunkohlenverwendung kurz vor und nach dem Kriege, den Verbesserungen der Brikettfabrikation, der Vorliebe der Elektrizitätswirtschaft und der chemischen Industrie für Braunkohlengebiete als Standort ergab sich die Aufschließung durch moderne, reich mit Maschinen ausgestattete Großunternehmungen. Die Ungelernten sind hauptsächlich mit den Nebenarbeiten des Abraumbetriebes und dem Brikettversand beschäftigt, sie sind Baggerschmierer, Löffelführer, Klappenschläger, Vorstrecker (des Schwellenrostes des Baggers), Bremser, Rangierer, Rottenarbeiter, und im Braunkohlentiefbau Förderleute, Ketten- und Seilbahnbedienungsleute und Anschläger.

2. Sonstige Bergbau- und Hüttenbetriebe. Soweit die Gewinnung erzführenden Gesteins auf und unter der Erde in Betracht kommt, liegen die Verhältnisse ähnlich wie bei der Steinkohlengewinnung. Ausbeutung der Gänge, Transporte zu den Orten der Weiterverarbeitung, diese selbst geben unter Verwendung von Maschinen und technischen Vorrichtungen Anlaß zur Anstellung von Ungelernten in vielerlei Hilfsstellungen. Auch die Aufbereitung der Metalle scheint neben und an mechanischen Transportvorrichtungen noch viele Ungelernte zu beschäftigen, wenn auch die Arbeit der Backenbrecher, Kugelmühlen, Walzwerke, Schüttelsiebe, Trommelsiebe, Stromapparate und Spitzkästen zum Klassieren der Erze meist Automatenarbeit geworden ist. Auch die der Erzgewinnung regelmäßig angeschlossenen Hüttenbetriebe bedienen sich

---

[11] Statistik des Deutschen Reiches, Band 402.

vielseitig der Ungelernten oder höchstens Angelernten. Hochofenarbeiter, wie Schlackenarbeiter, Eisenschläger, Eisenträger, Erz- und Koksfahrer, Halden- und Bunkerarbeiter, wahrscheinlich auch 2. und 3. Ofenleute und Gichtarbeiter sind ungelernt[12]. In den Stahlwerken sind es (außer den Transport- und Platzarbeitern) die 3. Puddler, Luppenschlepper, Stopfenmacher, in den Walzwerken die Hilfswalzer[13].

3. Gewinnung von Steinen und Erden. Auch sie stellt vielfach Ungelernte als Transport-, Platz-, Lager- und Haldenarbeiter ein trotz aller Maschinisierung der Transportmittel. Es gibt heute schon Steinbruchgroßbetriebe ohne gelernte Steinmetzen. Steinbrecher sind Angelernte, an den Steinbrech-(Schotter-)maschinen stehen Ungelernte. Sie sind auch als Abräumer und Verlader tätig. Jugendliche Ungelernte sind Anwärter für spätere qualifizierte Arbeit.

Ziegelindustrie[14]. Die Vollautomatisierung des Ziegelbrennens in sogenannten Tunnelofenanlagen hat sich bei uns noch nicht durchgesetzt, die Automatisierung beschränkt sich bisher nur auf bestimmte Betriebsabschnitte. Daher besetzt der Ungelernte eine große Anzahl Arbeitsplätze in den Werken. Allerdings wird durch das Fehlen der Polen und Italiener, der Gefangenen und Arbeitshäusler, durch den Abfluß ländlicher Arbeiter in andere Industrien und durch die zeitweise Abwanderung Gelernter in das Baugewerbe der Mechanisierung Vorschub geleistet. Sie ist auch bereits soweit fortgeschritten, daß vergleichsweise das Produktionsquantum der Vorkriegszeit schon mit 40 bis 60 % der Belegschaft geleistet werden kann. Hauptsächlich die Herstellung von Spezialprodukten, wie Klinkern und Dachziegeln, hat daran teil. An den Maschinen, die im allgemeinen einfach zu bedienen sind, stehen zumeist Ungelernte, so werden durch sie auch schon die angelernten Ziegelstreicher ersetzt. Die Ziegelindustrie, die heute wahrscheinlich noch viel Transportarbeiter beschäftigt, scheint sich mitten in der betriebswirtschaftlichen Umstellung zur Technisierung hin zu befinden. Nach deren Vollendung wäre mit der Entlassung vieler Ungelernter oder mit ihrem Ersatz durch Gelernte aus anderen Arbeitsgebieten (aus Maschinen- und Heiztechnik) zu rechnen.

4. Chemie[15]. Die Erzeugung der Grundstoffe läßt sich allerdings nicht unbedingt und immer von der der Fertigprodukte trennen. Ihrem kapitalintensiven Charakter gemäß hat diese Industrie wenig Beschäf-

---

[12] Enquête, III. Unterausschuß: Die Deutsche eisenerzeugende Industrie. 1930.
[13] In der Veröffentlichung Nr. 22 des Reichskuratoriums für Wirtschaftlichkeit ist für eine amerikanische, ganz auf Fließarbeit umgestellte Gießerei festgestellt, daß bei einer Belegschaft von 2500 Mann nur mehr 10 gelernte Former und Kernmacher nötig waren. Üblich waren für die übrigen Arbeiter Anlernzeiten von 1—2 Tagen (diese Arbeiter sind wohl noch als Ungelernte zu zählen) bis zu höchstens 3 Wochen.
[14] Enquête, III. Unterausschuß: Die Deutsche Ziegelindustrie.
[15] Enquête: Die Deutsche chemische Industrie. 1930.

tigte, obwohl in den Jahren des Aufschwungs 1926—28 vorübergehend nicht unbeachtliche Mehrungen eingetreten waren, vor allem infolge umfangreicher Versuchs- und Bauarbeiten. Innerhalb der Erzeugungsbetriebe ist die menschliche Arbeit großenteils auf die Kontrolle der selbständigen Vorgänge beschränkt. Der Versuch, die Gesamtbelegschaft der chemischen Industriezweige nach gelernten und ungelernten Arbeitskräften aufzuteilen, gelingt insofern nur mit Vorbehalt, als es sich nur um Durchschnittszahlen handeln kann, von denen der Belegschaftsaufbau einzelner großer Unternehmungen ganz erheblich abweicht. Im Jahre 1925 waren von rund 190000 Beschäftigten 130000 als ungelernte Betriebsarbeiter anzusprechen, also 67 %. Dabei ist zu beachten, daß der Enquêtebericht hier alle chemischen Betriebe, also auch die zur Verarbeitungsindustrie zu rechnenden ohne Ausscheidung zusammenfaßt. Transport und Verpackung sind Hauptbeschäftigungen Ungelernter. Die in der chemischen Fertigwarenindustrie beschäftigten Betriebsarbeiter(innen) gehören zur Kategorie der Un(nicht)gelernten Arbeiter, soweit sie an den vielgestaltigen einfachen Apparaturen und Arbeitsvorrichtungen beschäftigt sind. Jugendlichenarbeit ist gering. Ein Teil der Betriebsarbeiter(innen) rückt bei entsprechender Eignung und Befähigung durch Anlernung auf die Arbeitsplätze schwierigerer Art vor. Fertigmacherei, Einwickelei, und Etikettierung nehmen einen großen Arbeitsanteil ein. — Ähnliche Verhältnisse bestehen bei der **Kunstseidefabrikation**. Ihre Belegschaft ist größtenteils ungelernt. Begabte werden angelernt. — In der **Gummiwarenindustrie** sind durchwegs ungelernte Arbeitskräfte beschäftigt, die ihre Spezialkenntnisse und -fertigkeiten erst an den Arbeitsplätzen erhalten. Die Frauen nehmen in dem Arbeitsprozeß, der ausgeprägte Arbeitszerlegung zeigt, viele Plätze ein. Aus dem vorliegenden Material ist nicht ersichtlich, in welchem Umfang die Anlernung einen Teil der Ungelernten aus den anderen heraushebt. — Die **Zellstoffabrikation** ist stark maschinisiert und arbeitet fast nur mit Angelernten und Ungelernten. Deren Tätigkeit besteht vorwiegend in der Beaufsichtigung und Bedienung der die eigentliche Arbeit verrichtenden Maschinen.

Trotz fortschreitender Rationalisierung und Maschinisierung der **Grundstoffindustrien** stellen die Ungelernten in ihnen noch ein großes Kontingent. Teils sind die anfallenden Transporte noch nicht vollautomatisiert und werden noch immer von Menschenhand ausgeführt oder lassen bei einfachen Mechanisierungen Ungelerntenhilfe genügend erscheinen, teils stellen die für Bewältigung grober und schwerer Arbeit in der ersten Formung des Rohen eingerichteten Produktionsapparate und -maschinen keine besonderen Ansprüche an Führung und Beherrschung. Die Grundstoffindustrien sind vorläufig noch, allerdings mit absinkender Tendenz, Arbeitsquellen für den vom Transportarbeiter herkommenden ungelernten Industriearbeiter alten Stils. Die Umstellung des Transport- und Lagerwesens geht verhältnismäßig langsam vor sich, da nach der Eigenart der Betriebsstoffe, ihrer Schwere und Menge bei relativer Geringwertigkeit, große Kapitalinvestitionen erforderlich sind.

In den Verarbeitungsindustrien liegt das Hauptbeschäftigungsgebiet des Ungelernten neuen Stils, des Maschinenarbeiters. Die Änderung der Produktionsverfahren ist aus technischen und ökonomischen Gründen in vollem Fluß und wirkt sich so verschiedenartig aus, daß eine Zusammenfassung des Gleichen nicht möglich und jede Konstatierung, nur für den Augenblick vollgültig, höchstens die Entwicklungsrichtung aufzeigen kann. Ungelernte rücken für Gelernte ein, geben ihren Platz an Angelernte oder Frauen ab, werden durch den Vollautomatismus verdrängt, über menschenleere Produktionsstätten üben hochqualifizierte Techniker Kontrolle über Kontrollautomatismen; Mechaniker, Maschinenschlosser und Werkzeugmacher treten an die Stelle von Arbeitern, die für den betreffenden Wirtschaftszweig als charakteristisch galten. Der neue Typ der Maschine verlangt jeweils sein ihm entsprechendes Menschenkorrelat. Massenfabrikation begünstigt im allgemeinen den Einsatz des Ungelernten, daher besetzt er viele Plätze in den Konsumgüterindustrien. Neue Produktionszweige bauen sich ganz auf Ungelerntenbasis auf, entwickeln ein Angelernten- und Facharbeitertum, das restlos aus ihr herauswächst, der jugendliche Ungelernte als Durchgangsstadium, in einen planvollen Anlernprozeß hineingestellt, bildet eine den neuen Verhältnissen angepaßte abgewandelte Form zum Industrielehrling. Selbst innerhalb derselben Wirtschaftszweige zeigen sich je nach Größe und Intensitätsform der Arbeit andere Eingliederungsformen für Ungelernte. Schließlich wird das Urteil dadurch erschwert, daß von Betrieb zu Betrieb die mit der gleichen Arbeit Beschäftigten zu verschiedenen Arbeiterkategorien gezählt werden. Somit muß man es bei dem Versuche bewenden lassen, durch Einzeldarstellungen das noch nicht allzu reichlich vorhandene Material in Vorlage zu bringen.

5. Eisen- und Stahlindustrie[16]. „Bei der Verschiedenheit der einzelnen Zweige läßt sich natürlich nichts Allgemeingültiges über die Zusammensetzung der Arbeiterschaft aus gelernten, angelernten und ungelernten Arbeitern feststellen. Es gibt Zweige, in denen fast ausschließlich oder doch überwiegend gelernte Arbeiter tätig sind, wie zum Beispiel bei der Herstellung von Ambossen, Schlittschuhen, Turngeräten, Rietmaterial für Webeblätter usw. Ebenso sind in der Solinger Schneid-

---

[16] Enquête, I. Unterausschuß, 11. Band: Die Deutsche Eisen- und Stahlwarenindustrie.

warenindustrie, für die genauere Zahlenangaben leider fehlen, überwiegend gelernte Arbeiter beschäftigt. In anderen Industriezweigen dagegen ist der Anteil der ungelernten Arbeiter weit größer als der der gelernten, wie zum Beispiel bei der Herstellung von

	Gelernte	Angelernte	Ungelernte
Drahtkurzwaren	15,0 %	12,2 %	72,8 %
Tapeziernägeln	17,2 %	15,7 %	61,1 %
Feld- u. Gartengeräten	12,0 %	6,0 %	60,0 % [17]
Stahlmagneten	10,0 %	20,0 %	70,0 %
eisernen Fingerhüten	6,0 %	6,7 %	86,6 %

[17] Restprozente sind Jugendliche.

Im allgemeinen läßt sich sagen, daß gegenüber anderen Industrien in der Eisen- und Stahlwarenindustrie besonders viel gelernte Arbeitskräfte verwendet werden, da die zu leistende Qualitätsarbeit Ausbildung oder jahrelange Übung erfordert. Nach dem Material des Stat. Reichsamtes für die Lohnerhebung der metallverarbeitenden Industrie im Oktober 1928 ergab sich, daß von 26738 Arbeitern der Eisen- und Stahlwarenindustrie 45,72 % als gelernte, 23,5 % als angelernte und 30,78 % als ungelernte (und weibliche) Arbeiter galten. Da jedoch bei dieser Erhebung von den männlichen Arbeitern die unter 21 Jahren und von den weiblichen Arbeitern die unter 18 Jahren nicht erfaßt sind, ist anzunehmen, daß der prozentuale Anteil der Ungelernten und Frauen höher ist. Das Bild wird allerdings dadurch noch unklarer, daß es vorkommt, daß Arbeiter der gleichen Beschäftigung in verschiedenen Tarifbezirken oder in verschiedenen Industriezweigen zu verschiedenen Arbeiterkategorien gerechnet werden. Dazu kommt noch, daß die Begriffe ‚gelernt' und ‚ungelernt' gegenüber der Vorkriegszeit einen Bedeutungswandel durchgemacht haben. Gewisse Arbeiter, die nach dem Kriege als Facharbeiter galten, zählten vor dem Kriege zu den ungelernten Arbeitern. Hierzu gehören zum Beispiel die Presser der Schloßindustrie im niederbergischen Bezirk. Auch die in der Nachkriegszeit als neue Gruppe in die Tarife eingeführten angelernten Arbeiter galten vor dem Kriege ausnahmslos als Hilfsarbeiter." Der Bericht des I. Unterausschusses fährt fort: „Infolge dieser Veränderungen und der ungenauen Abgrenzung der Arbeiterkategorien ist eine exakte Erfassung der Zusammensetzung der Arbeiterschaft und der Wandlungen gegenüber der Vorkriegszeit außerordentlich schwierig. Aus den Berichten und Vernehmungen geht aber hervor, daß der Anteil der gelernten Arbeiter zugunsten desjenigen der angelernten und ungelernten Kräfte gegen früher im allgemeinen abgenommen hat. Diese Entwicklung ist in der Hauptsache als eine Folge der Rationalisierung anzusehen. Bei den einzelnen

Zweigen und Unternehmungen liegen die Verhältnisse allerdings sehr verschieden. Überwiegend ist die Entwicklung aber auch in der Eisen- und Stahlwarenindustrie dahin gegangen, den qualifizierten Arbeiter mehr und mehr durch den weniger qualifizierten zu ersetzen." Dabei ist aber die Zahl der Klein- und Mittelbetriebe (bis 50 Personen) gerade in dieser Industrie noch verhältnismäßig groß: 37,2% aller beschäftigten Personen sind dort verwendet.

Erzeugung von Metallwaren. Die Produktionsprozeßgestaltung ist sehr vielfältig. „Hier setzt die große, neu entstandene Metallarbeitergruppe der Maschinenarbeiter(innen) ein, jene zahlreichen angelernten und ungelernten Männer und Frauen in der Metallverarbeitung, deren Arbeit in den verschiedensten Zweigen des Metallgewerbes anzutreffen ist, in der Presserei, Stanzerei, Prägerei, Zieherei usw., insbesondere aber in der spanabhebenden Metallbearbeitung als angelernte Dreher(innen), Hobler(innen), Fräser(innen), Bohrer(innen), Schleifer(innen) usw.[18]" Neben den bisherigen gelernten Metallarbeiterberufen und einer als wachsend zu bezeichnenden Zahl der angelernten Metallarbeiterberufe (wobei aber „angelernt" auch für sehr kurze Anlernzeiten gelten kann), ist Beschäftigungsmöglichkeit für zahlreiche ungelernte Arbeitskräfte gegeben. In neuerer Zeit allerdings macht sich in besonderen Fällen eine Entwicklung sichtbar, die von der Verwendung Ungelernter wegführt: „Die immer weitere Vervollkommnung der Metallbearbeitungsmaschinen, ihre Weiterentwicklung vom Halb- zum Vollautomaten, der auch den Werkstoffnachschub und das Aus- und Einspannen selbst besorgt und damit auch die letzte Bedienung von Hand (außer der Maßhaltigkeitskontrolle) erübrigt, scheint gegenwärtig die Verhältnisse in der Maschinenarbeit erneut umzugestalten. Um die hochwertigen, komplizierten Maschinen zweckmäßig auszunutzen, beginnt man wieder, gelernte Facharbeiter zu beschäftigen, die mit der Seele der Maschine vertraut sein müssen, um sie richtig überwachen und unter Umständen reparieren zu können[19]." Häufig genügt aber auch neben dem eine oder sogar eine kleine Gruppe einfacher Maschinen bedienenden Ungelernten ein qualifizierter Einrichter. Überraschend groß und zugleich wieder ein Beweis für die leichte Bedienbarkeit von Metallbearbeitungsmaschinen ist die steigende Verwendung von Frauenarbeit, die von 3,3% (1882) auf 4,3% (1895), und weiter von 5,7% (1907) auf sogar 11,4% (1925) anwuchs. So ist unter anderem die Stahlfedernerzeugung fast ganz zur Frauenarbeit geworden. Die Statistik des Deutschen Reiches[20] beziffert die Menge der An- und Un-

---

[18] Handbuch der Berufe, herausgegeben von der Reichsanstalt für Arbeitsvermittlung und Arbeitslosenversicherung. Leipzig 1930 ff.
[19] Handbuch der Berufe. Teil I, 2. Band. Leipzig 1930. S. 14.
[20] Band 402.

gelernten (leider ohne weitere Ausscheidung) in Wirtschaftszweig 23 (Herstellung von Eisen-, Stahl- und Metallwaren, ausschließlich Schmiederei, Schlosserei, Klempnerei) mit 55 % aller Arbeiter und für letztere, oben ausgenommene Arbeitsgebiete sogar auf 95—98% und fügt hinzu: „Die Art der hergestellten Erzeugnisse gestattet es, in den hier stark vertretenen Großbetrieben mehr angelernte und ungelernte als gelernte Arbeiter zu beschäftigen. Massenproduktion begünstigt fast immer die Verringerung der Gelernten zugunsten der An- und Ungelernten."

Maschinenerzeugende Industrie. Sie nimmt in zweifacher Beziehung eine Sonderstellung ein. In einigen Zweigen ist keine Großserienherstellung möglich, und die Bedienung vieler Spezialmaschinen wird aus Gründen zuverlässiger Produktion und rascher Beseitigung von Störungen vielfach gerne den Gelernten übertragen, die ja in diesem Falle gleichzeitig ihrer Ausbildung nach für die erzeugende Maschine und das von ihr herzustellende Erzeugnis als qualifizierte Fachleute anzusprechen sind. Obwohl die Betriebe im wesentlichen durchrationalisiert sind, stellt der Jahresbericht des Vereins Deutscher Maschinenbauanstalten für 1929 fest, daß die Zahl der Ungelernten beim Maschinenbau seit Kriegsende abgenommen hat, und zwar von 14,7 % (1914) auf 10,5 % (1929). In dem Werk Augsburg der M. A. N. sanken die Beschäftigungszahlen für Ungelernte von 34 % (1920) auf 14 % (1930). Die Entwicklung nimmt aber auch in diesem sehr auf Qualitätsleistung eingestellten Wirtschaftszweig einen ganz entgegengesetzten Verlauf, wenn, wie im Kraftwagen- und Kraftradbau, zur Massenherstellung übergegangen werden kann. Der Schrittmacher auf diesem Gebiet, Ford, gibt über die für seine Betriebe nötigen Anlernzeiten (und Lernzeiten) folgende Übersicht:

43% seiner Arbeiter brauchen nicht mehr als 1 Tag
36%   „   „   „   „   1—8 Tage
6%   „   „   „   „   1—2 Wochen
14%   „   „   „   „   1 Monat bis 1 Jahr
1%   „   „   „   „   1—6 Jahre.

Dabei werden als Gelernte nur mehr Werkzeugmacher, Prüfstandarbeiter, Mechaniker und Modellschreiner verwendet. Die große Masse hingegen ist ungelernt.

Elektro-, Radio- und feinmechanische Industrie. Sie entwickelten sich durchwegs zu Gebieten für Frauenarbeit und sind als junge Industrien sehr stark arbeitsteilig und maschinisiert aufgezogen. Allein die Montage einer Radioröhre zum Beispiel ist zur Zeit in 24 Arbeitsteile zerlegt. Prüfungen erfolgen häufig durch vollautomatische Prüfmaschinen. Im Zähler- und Telephonteilebau, beim Bau einfacher photographischer Apparate, bei der Zusammensetzung von Feldstechern, der Herstellung von Brillenfassungen wächst die Verwendung von Fließarbeit. Die Anwendung maschineller Techniken ersetzt die Tätigkeit des gelernten Feinmechanikers in großem Umfange sogar durch Frauenarbeit. Für die Uhrenindustrie[21] stehen folgende Ziffern über die Zusammensetzung der Arbeiterschaft nach Ausbildungsgruppen zur Verfügung:

	1913	1925	1928
Arbeiterinnen	28,7 %	32,2 %	34,2 %
Hilfsarbeiter	23,6 %	20,5 %	20,4 %
Angelernte Arbeiter	26,7 %	23,0 %	22,7 %
Gelernte Arbeiter	19,7 %	21,9 %	20,9 %
Lehrlinge	1,3 %	2,4 %	1,7 %

Die Hilfsarbeiter werden vor allem mit Aufräumungs-, Verlade- und anderen einfachen Arbeiten beschäftigt. Ihre Zahl und die der Angelernten sinkt zugunsten der Frauen. In der Holzgehäusefabrikation wird der Gelernte durch An- und Ungelernte noch stärker verdrängt als in der Metallverarbeitung. — Bei der Besichtigung der großen Uhrenfabriken im württembergischen Schwarzwald, die bisher zwei Drittel bis drei Viertel ihrer Erzeugung exportierten, fällt immer wieder auf, „wie unheimlich weit in diesen Fabriksälen Mechanisierung und Rationalisierung gediehen sind. Der optische Eindruck ist oft der, daß hier der Mensch neben der Maschine ganz unwesentlich geworden ist, daß die Maschine den Kopf und der Mensch lediglich die Hand darstellt. Daß überhaupt noch Menschen da sind, ist vielfach nur die Folge einer noch nicht ganz fertigen Technik; vielleicht wird schon nächstes Jahr auch dieses Stück Menschenarbeit von der Maschine übernommen worden sein" (Frankfurter Zeitung vom 23. Oktober 1931). Wenn der Enquêtebericht für den Herstellungsgang von Kleinuhren annähernd 80 Arbeitsoperationen vorsieht, so ist das heute schon überholt. Die Arbeitszerlegung ist weiter fortgeschritten. Für das Stanzen und Fräsen sowie für die fast durchwegs mit Vollautomaten arbeitende Dreherei sind ungelernte Männer eingesetzt, mit der beginnenden Montage steigt der Anteil der Frauenarbeit. Sie und die Männer kommen ungelernt in die Fabrik, bleiben nach Möglichkeit beim selben Arbeitsstück und eignen sich im Laufe der Zeit eine überraschende Arbeitsgeschicklichkeit und Geschwindigkeit an. Sie bedienen die vielfach vorhandenen Apparaturen und Arbeitsvorrichtungen und üben, da die Maßhaltigkeit eine Grundlage dieser Fabrikation ist, mit staunenswertem Augenmaß die häufigen Kontrollen, bei denen es oft um Toleranzen von $1/50$ mm geht. Auch

---

[21] Enquête, I. Unterausschuß, 17. Band: Die Deutsche Uhrenindustrie.

bei dieser Fabrikation wurde der männliche Ungelernte vielfach durch die Fingergeschicklichkeit und den Tastsinn der Frau verdrängt.

Edelmetall- und Schmuckindustrie[22]. Sie hat in ziemlich starkem Maße qualifizierte Arbeitskräfte durch weniger qualifizierte ersetzt, Arbeiter durch Arbeiterinnen, Gelernte durch Ungelernte, nachdem sie (angereizt dazu u. a. auch durch das Fehlen von hochqualifizierten Facharbeitern) mehr und mehr zu mechanischen Herstellungsverfahren übergegangen und der Bau neuer automatischer Maschinen gelungen war. Im November 1928 war die Zusammensetzung der Arbeiterschaft folgende:

	Arbeiter	Arbeiterinnen
Gelernte	83,0 %	80,7 %
Angelernte	8,9 %	10,2 %
Ungelernte	8,1 %	9,1 %

Am größten ist der Prozentsatz männlicher Ungelernter in der **Silberbesteckindustrie** (30,6 %), am kleinsten bei der Herstellung von Goldschmuck und Goldringen (0 %). Ein Vergleich zwischen 1913 und 1928 gibt für die einzelnen Zweige folgendes Bild:

		Arbeiter		
		Gelernte	Angelernte	Ungelernte
Goldschmuck	1913	100,0 %	—	—
	1928	96,3 %	3,7 %	—
Juwelen	1913	96,2 %	—	3,8 %
	1928	94,6 %	—	5,8 %
Bestecke und Groß-Silber	1913	68,1 %	22,2 %	9,7 %
	1928	65,1 %	20,5 %	14,4 %
Unechter Schmuck	1913	86,0 %	2,0 %	12,0 %
	1928	87,2 %	1,8 %	11,0 %

6. **Industrie für Porzellanherstellung**[23]. Sie weicht in der Einteilung der Arbeiterschaft vom üblichen Schema ab und unterscheidet:
a) Facharbeiter mit Lehrzeit,
b) Facharbeiter ohne Lehrzeit, aber mit mehrjähr. Betriebserfahrung,
c) Ungelernte (sonstige) Arbeiter.

Der Anteil der Facharbeiter ist groß geblieben. Die Kategorie *b* ist in der letzten Zeit stärker hervorgetreten. Nach der Berufszählung von

---

[22] Enquête, I. Unterausschuß, 18. Band: Die Deutsche Edelmetall- und Schmuckindustrie.
[23] Enquête, I. Unterausschuß, 12. Band: Die Deutsche Porzellanindustrie.

1925 waren 47,9% der Gesamtarbeiterschaft (männliche) Ungelernte. Im Unterausschuß wurde übereinstimmend festgestellt, daß sich die Gliederung der Belegschaft zugunsten der „sonstigen" Arbeiter verschoben hat. Ein wesentlicher und sehr beachtlicher Grund dafür ist, daß die im Zuge der Rationalisierung vorgenommenen Veränderungen vor allem bei den Facharbeitern zu Mehrleistungen geführt haben, während die Leistungen der „sonstigen" Arbeiter nicht in der gleichen Weise gestiegen sind, so daß, um die Kontinuität des Produktionsprozesses zu erhalten, entsprechend mehr „sonstige" Arbeiter eingestellt werden mußten. Außerdem hat der Übergang zu anderen Arbeitsmethoden auch an einigen Stellen eine Ersetzung der Facharbeiter ermöglicht.

In der Steingutindustrie[24] ist aus denselben Ursachen wie in der Porzellanindustrie nach dem Urteil der Sachverständigen der Facharbeiteranteil geringer als vor dem Kriege, jedoch fehlen zahlenmäßige Vergleichsunterlagen. Für die Steinzeugwarenindustrie wird der Anteil der gelernten Arbeiter (1930) auf etwa 70—80% der Gesamtarbeiterschaft geschätzt. Eine Ausscheidung der Restprozente ist leider nicht vorgenommen. Für die Kachelofenindustrie sowie die Tonwarenfabriken und Geschirrtöpfereien besteht vom März 1930 eine zahlenmäßige Aufteilung:

	Kachelofenindustrie	Tonwarenfabriken u. Geschirrtöpfereien
Gelernte Arbeiter	56,3 %	68,6 %
Ungelernte Arbeiter	27,0 %	23,4 %
Arbeiterinnen	16,7 %	8,0 %

Dabei ist bemerkenswert, daß Rationalisierung und Maschinisierung bei der Kachelofenindustrie infolge der Eigenart der Fabrikation ohne nennenswerten Einfluß auf die Zusammensetzung der Arbeiterschaft waren. Durch die Lieferung bereits geschliffener Ofenkacheln wird allerdings Maschinenarbeit an die Stelle Gelernter, nämlich handwerksmäßiger Ofensetzer, gesetzt. Für Steingutgeschirr- und sanitäre Spülwarenfabrikation ergibt sich folgende Arbeiterzusammensetzung:

	Steingutgeschirr	Sanit. Spülwaren
Facharbeiter	29,1 %	37,0 %
„Sonstige" Arbeiter (Ungelernte)	36,1 %	49,0 %
Facharbeiterinnen	7,9 %	4,4 %
„Sonstige" Arbeiterinnen (Ungelernte)	26,9 %	8,6 %

[24] Enquête, I. Unterausschuß, 13. Band: Die Deutsche Steingutindustrie.

In der Glasherstellung ist noch nicht erkennbar, wie die Glasblasmaschinen strukturändernd wirken. Die Owensche Flaschenmaschine hat nur Gelernte bzw. Angelernte freigesetzt, aber keine Arbeitsplätze für Ungelernte gebracht. Glasmacher gelten im allgemeinen als Angelernte. In der Hohlglasmacherei sind Ungelernte mit den Vorarbeiten für die Glasbereitung, das heißt mit dem Zerkleinern des Materials in Kollergängen, mit dem Mischen des Materials in offenen Kästen und mit weiteren Nebenarbeiten beschäftigt. Bei der Tafelglasherstellung sind nach den neuen Verfahren (Fourcault- und Colburnverfahren, eingeführt 1927—1929) eigentliche Glasfacharbeiter, wie beim Mundblasbetrieb, zur Bedienung der Tafelglasmaschinen nicht mehr erforderlich, wenn auch aus betriebstechnischen Gründen die Verwendung von einigen gelernten Kräften als erwünscht gilt. Die Tätigkeit besteht zum großen Teil aus Dienstbereitschaft.

7. Textilindustrie. Hier sind die Verhältnisse ganz besonders gelagert. Der Begriff des Textilfacharbeiters umfaßt Gelernte und Angelernte. Frauenarbeit überwiegt. Anlernzeiten können mehrjährig sein; manche Arbeitskräfte erscheinen unfähig, die letzten Arbeitsnotwendigkeiten zu erfüllen. Dabei ist zu bemerken, daß diese hohen Anlernzeiten nicht durch das „Was", die Summe der notwendigen Tätigkeiten bestimmt sind, sondern durch das „Wie", die maximale Lösung der Arbeitsaufgabe. Es bestehen hier Parallelen zur Anlernung in der Uhrenindustrie. Berufserfahrung spielt eine wichtige Rolle. Ungelerntenarbeit wird vorwiegend von Jugendlichen verrichtet, für die der Aufstieg zu Angelernten in Aussicht steht. Das Arbeitsgebiet für männliche Ungelernte als Dauerstellung ist klein und umfaßt größtenteils Platz- und Transportarbeit.

In der Bekleidungsindustrie ist ein zunehmender Strukturwandel zu verzeichnen. Insoweit vornehmlich Massenartikel hergestellt werden, die mit gleichmäßigerem und weniger modeabhängigem Absatz rechnen können (Herrenoberkleidung, Oberhemden usw.), beginnt sich unter amerikanischem Einfluß an die Stelle der Heimarbeit, bei der in der Regel das ganze Bekleidungsstück in einem Arbeitsgang von einer (qualifizierten) Arbeitskraft gefertigt wurde, ein regelrecht arbeitszerlegter Fabrikationsprozeß mit weitgehender Mechanisierung zu setzen. Eine kürzlich erschienene Arbeit von E. Gotthelf beziffert die Lohnersparnis durch den dadurch ermöglichten Ersatz Gelernter durch Angelernte auf 30% bis 50%. Hier, sowie in der Uniformherstellung nach arbeitsteiligem Prinzip am laufenden Band, besteht für den Ungelernten Dauerbeschäftigung und Aufstiegsmöglichkeit.

8. In der Lederwarenindustrie[25] sind die Beschäftigungsmöglichkeiten für Ungelernte je nach dem Produktionszweig sehr verschieden.

---

[25] Enquête, I. Unterausschuß: Die Deutsche Lederindustrie. 1930.

Nach den Feststellungen des Enquêteausschusses sind bei der Portefeuillewarenherstellung nennenswerte technische Fortschritte nicht zu erkennen, strukturelle Wandlungen in beruflicher und betrieblicher Hinsicht auch kaum zu erwarten. Die Täschner- und Ledergalanteriewarenfabriken beschäftigen vorwiegend gelernte Portefeuiller, ebenso die Fabriken für lederne Koffer und sonstige Reiseartikel aus Leder. Hier zeigt sich aber durch vermehrte Verwendung der Maschinenarbeit in zunehmendem Umfange Arbeit für Hilfsarbeiter(innen). Besonders in der Spaltlederkofferindustrie ist eine Vermehrung der Arbeitsplätze für Ungelernte zu erwarten. In der Stapelkofferindustrie ist die Wandlung zur Maschinenarbeit fast vollständig durchgeführt. Für Facharbeiten, die früher von gelernten Sattlern ausgeführt wurden, genügt heute sogar Frauenarbeit. Gelernten bleibt nur noch die Anfertigung teurer Qualitätskoffer, die aber nur eine geringe Rolle spielt. In der deutschen Lederhandschuhindustrie hat die betriebstechnische Rationalisierung bis jetzt nur ganz geringen Spielraum. Im allgemeinen hat sich die Technik der Fabrikation seit fast einem Jahrhundert kaum verändert. Die Sachverständigen, die im Unterausschuß gehört wurden, waren allerdings in der Mehrheit der Ansicht, daß eine Verbesserung der Produktionstechnik gleichwohl durch eine Neuregelung der Arbeitsteilung zwischen den gelernten Handschuhmachern und den Hilfsarbeitern zu erreichen sei. Die Arbeiterschaft der Treibriemenindustrie[26] entstammt durchwegs dem Ungelerntsein und gilt nach drei Jahren als angelernt. Der Anteil dieser Facharbeiterschaft an der Gesamtbelegschaft ist etwas mehr als ein Drittel. Der gelernte Facharbeiter (Sattler) ist in den Hintergrund gedrängt. Die Arbeit erfordert viel körperliche Anstrengung und wenig handwerkliche Kunstfertigkeit. In der Hausschuhindustrie[27] wird überhaupt nicht zwischen gelernten, angelernten und ungelernten Arbeitern unterschieden. Vielmehr wird jeder Arbeiter, der 14 Wochen lang in der Fabrikation tätig ist, als Schuhfabrikarbeiter bezeichnet.

Ähnlich liegen die Verhältnisse auch (tarifpolitisch) in der Schuhindustrie. Abgeschlossene Ausbildung als handwerksmäßig gelernter Schuhmacher wird heute nicht mehr so hoch wie früher bewertet, teilweise überhaupt nicht für nötig erachtet, mitunter sogar als hindernd angesehen, da es oft an Anpassungsfähigkeit an neue Arbeitsmethoden und an der Einfügungsbereitschaft in die weitgehende Arbeitsteilung mangelt. Die Arbeitskräfte (Frauenarbeit nimmt einen breiten Raum ein) setzen sich zum größten Teil aus Ungelernten und Angelernten zusammen. Als Beispiel für die Verwendungsmöglichkeiten gelte, daß in einer Schuhfabrik von 50 Teilarbeiten des verhältnismäßig kleinen Pro-

---

[26] Enquête, I. Unterausschuß: Die Deutsche Treibriemenindustrie. 1930.
[27] Enquête, I. Unterausschuß: Die Deutsche Hausschuhindustrie. 1930.

duktionsteils: „Zwickerei bis Fertigmacherei für leichte Damenschuhe", 35 nur einer ganz kurzen Anlernzeit bedürfen, also von Ungelernten verrichtet werden können, so Sohlen aufheften, Riß öffnen, Riß schließen, glätten, Sohlenhals ankleben und brechen, Deck(ober)fleck stiften, Deckfleck fräsen, Hals bimsen, Boden polieren (bürsten), Halskanten polieren, ausleisten, Holzabsatz nachnageln, Karton stempeln. — Es sind ferner Spezialmaschinen entwickelt worden, die die verwickelte und umständliche Arbeit des Schuhmachers spielend und mit höchster Genauigkeit ausführen oder die Arbeiten vollziehen, die mit der Hand überhaupt nicht mit dieser Genauigkeit durchzuführen wären. Dahin gehören zum Beispiel die Ledermeßmaschinen. Etwa 100—120 Maschinen arbeiten bei der Herstellung von einem Paar Stiefel mit. Die Arbeitsteilung in einem modernen Großbetrieb der Schuhindustrie ist so weit fortgeschritten, daß die Herstellung eines komplizierten Schuhes in bis über 300 einzelne Verrichtungen zerfällt[28].

9. Aus der Ölmühlenindustrie[29] liegt nur eine Aufstellung eines Großbetriebes für das Jahr 1926/27 vor. Nach ihr waren 20 % der Gesamtbelegschaft Ungelernte, meist Hof- und Kellerarbeiter, 12 % zählen als Betriebshandwerker zu den Gelernten und der Rest von 68 % umfaßt aus dem Ungelerntsein hervorgegangene Angelernte. In der Margarinefabrikation[30] werden überwiegend un- und angelernte Arbeiter beschäftigt. Frauenarbeit nimmt zu, Jugendlichenarbeit hat seit der Einführung des laufenden Bandes abgenommen, da „durch den Besuch der Berufsschule die Bandproduktion erheblich gestört wird". Über die Fabrikation von Nahrungsmitteln, Teigwaren, Würzen und Konserven liegen Enquêteberichte nicht vor. Bei der vorherrschenden Frauenarbeit mögen die Arbeitsplätze für ungelernte Männer verhältnismäßig gering sein.

10. Die Spezialisierung auf jeweils eng begrenzte Möbelgruppen hat in der Möbelindustrie die serienmäßige Herstellung von Qualitätsware mit durchgeführter Arbeitsteilikeit und zahlreichen Spezialmaschinen ermöglicht. So arbeiten zum Beispiel in Fabriken für Schlafzimmer usw. die Gelernten nur mehr beim Zusammensetzen der Möbel mit. Alle übrigen Arbeiten werden von Ungelernten getan, wobei allerdings ein nicht genau bestimmbarer Teil als Angelernte bezeichnet wird, eine Bezeichnung, die jedem nach 2jährigem Verbleiben am Arbeitsplatze tariflich zusteht. Bei der Herstellung einfacher (z. B. Küchen-) Möbel ist für den Ungelernten ein noch weiteres Arbeitsfeld. In den Holzwarenfabriken und bei der Kistenherstellung sind fast ausschließlich Ungelernte beschäftigt.

---

[28] Handbuch der Berufe, Teil I, Band 4. Leipzig.
[29] Enquête, I. Unterausschuß: Die Deutsche Ölmühlenindustrie. 1930.
[30] Enquête, I. Unterausschuß: Die Deutsche Margarineindustrie. 1930.

11. Die Papierfabrikation beschäftigt überwiegend angelernte männliche Arbeiter, wobei allerdings viele Tätigkeiten, wie Abfallsortieren, Holzputzen, Holzschleifen, Erdenauflösen, Bleichen, Arbeiten am Kollergang und an den Rollmaschinen nur einer sehr kurzen Anlernzeit bedürfen. Hier wie in vielen Industrien geben die Arbeitergruppierungen in den Lohnabkommen nicht ganz das richtige Bild. Es ist sicher, daß viele Angelernte volkswirtschaftlich als Ungelernte zu gelten haben, obwohl sie, bedingt durch eine gewisse Dauer ihrer Arbeit im Betrieb, nicht aber durch die schwierigere Art ihrer Arbeit, gewissermaßen als Äquivalent für ihre Berufserfahrung unabhängig von dem qualitativen Niveau ihres Tuns, als Angelernte tarifiert werden. Ein Enquêtebericht ist über diesen Fabrikationszweig nicht mehr erschienen.

12. In der Spielwarenindustrie[31] ist eine Aufgliederung in Gelernte, Angelernte und Ungelernte nicht möglich. Der Enquêtebericht glaubt, daß die Angelernten eine Hauptrolle spielen und daß ihre Bedeutung mit der fortschreitenden Mechanisierung des Produktionsprozesses noch steigt. Für die Herstellung von Spielen zeigt sich folgendes Beschäftigungsbild:

Gelernte	(ausschließlich Männer)		16%
Angelernte	,,	,,	etwa 55%
Ungelernte	,,	,,	etwa 30%.

Auch der Facharbeiter entstammt der Reihe der Angelernten. Die Mechanisierung ist stark fortgeschritten bei den Metallspielwaren, wenig entwickelt jedoch bei der Fabrikation von Musikspielwaren, Zinnfiguren, Holzspielwaren, Puppen, Glasspielwaren, Porzellanspielwaren und Christbaumschmuck. In der Industrie der Großmusikinstrumente[32] ist die Mechanisierung stark fortgeschritten. Beim Bau von Kasteninstrumenten sind (1925) nicht ganz 20% Ungelernte beschäftigt gewesen. Selbst im Orgelbau ist der Anteil der Gelernten gegenüber der Vorkriegszeit zugunsten der Ungelernten und Angelernten zurückgegangen. In der Kleinmusikinstrumentenindustrie[33] sind der Mechanisierung verhältnismäßig enge Grenzen gesetzt. Weibliche Arbeitskräfte dringen vor. Der Grundstock für alle Arbeiten ist der Ungelernte, der zum Angelernten und Facharbeiter emporsteigen kann. In der Trossinger Harmonikaindustrie gibt es Anlernzeiten bis zu einem Jahr. Diese Industrie stützt sich auf die besonderen Eigenschaften, die im Laufe zweier Generationen herausgeschult wurden und die natürlich auch dem jungen Ungelernten schon innewohnen.

---

[31] Enquête, I. Unterausschuß, 19. Band: Die Deutsche Spielwarenindustrie.
[32] Enquête, I. Unterausschuß, 15. Band: Die Deutsche Industrie der Großmusikinstrumente.
[33] Enquête, I. Unterausschuß, 16. Band: Die Industrie der Kleininstrumente.

13. Literatur über die Eingliederung der Ungelernten in die Wirtschaft:

Ch. Babbage: On the economy of machinery and manufact., London 1832, deutsch Berlin 1833. — Becker: Der angelernte Arbeiter im Betrieb. In: Techn. Erziehung, 1936, Heft 6. — P. C. Bäumer: Das Deutsche Institut für techn. Arbeitsschulung. Schriften des Vereins für Sozialpolitik, Bd. 181. München und Leipzig 1930. — E. Berger: Wirtschaftsrationalisierung und Facharbeiterfrage. Reichsarbeitsblatt 1926, Nr. 25. Berlin. — Berichte des Ausschusses zur Untersuchung der Erzeugungs- und Absatzbedingungen der Deutschen Wirtschaft („Enquête-Ausschuß"). Berlin 1927ff. — M. Bernays: Auslese und Anpassung der Arbeiterschaft der geschlossenen Großindustrie. Schriften des Vereins für Sozialpol., Bd. 133. Leipzig 1910. — L. Brake: Werkzeugmaschine und Arbeitszerlegung. 1911. — Durst: Der angelernte Arbeiter. In: Techn. Erziehung, 1936, Heft 6. — H. Herkner: Arbeit und Arbeitsteilung. Grundriß der Sozialökonomik II. Tübingen 1923. — L. Heyde, Rationalisierung und Arbeiterschaft. In: Strukturwandlungen der Deutschen Volkswirtschaft, Bd. I. Berlin 1928. — D. L. Hoopingarner: Labor relations in industry. Chicago 1925. — J. A. Hobson: The evolution of modern capitalisme; a study of machine production. London 1906. — C. Köttgen: Fließarbeit. Berlin 1928. — H. Kuhnert: Der Prozeß der Automatisierung und Mechanisierung und seine Einwirkung auf den schaffenden Menschen. Leipzig 1935. — W. Leiserson: The Job and the Worker. Sondernummer der World to-morrow, Februar 1922. — Levasseur: Comparaison du Travail à la main et du Travail à la machine. 1900. — W. Lüthgen: Die Bergarbeiter. Handwörterbuch der Staatswissenschaften, Bd. II. Jena 1924. — A. Pound: Der eiserne Mann in der Industrie. München und Berlin 1925. — H. Riedel: Arbeitskunde. Leipzig 1925. — W. D. Schröder: Bestverwendung der menschlichen Arbeitskraft im industriellen Produktionsprozeß. Hannover 1934. — G. v. Schulze-Gävernitz: Die Maschine in der kapitalistischen Wirtschaftsordnung. Archiv für Sozialwissensch. u. Sozialpol., Bd. 63. Tübingen 1930. — G. v. Schulze-Gävernitz: Industrielle Revolution. Archiv für Sozialwiss. u. Sozialpol., Bd. 66. Tübingen 1931. — F. Schumann u. R. Sorer: Auslese und Anpassung der Arbeiterschaft in der Automobilindustrie und in einer Wiener Maschinenfabrik. Schriften des Vereins f. Sozialpol., Bd. 135. Leipzig 1911. — Striemer: Der industrielle Arbeiter. 1923. — D. A. Ure: Das Fabrikwesen in wissenschaftlicher, moralischer und kommerzieller Hinsicht. Deutsch von Dietzmann. Leipzig 1835. — R. Watteroth u. F. Syrup: Auslese und Anpassung der Arbeiterschaft in der Schuhindustrie und in einem oberschlesischen Walzwerke. München und Leipzig 1915. — M. R. Weyermann: Die ökonomische Eigenart der modernen Technik. Grundriß der Sozialökonomik VI. Tübingen 1924. — R. Wilbrandt: Die moderne Industriearbeiterschaft. Stuttgart 1926. — R. Woldt: Arbeitswandlungen in der Industriewirtschaft. Münster 1933. — W. Woytinsky: Arbeiter und Maschine in der deutschen Wirtschaft. In: Die Gesellschaft, Nr. 2, Februar 1928.

Vierter Abschnitt
Die soziale Einordnung
§ 1. Soziale Struktur

1. Gründe der sozialen Ausgliederung. — 2. Möglichkeiten der Wiedereingliederung von der Wirtschaftsseite her. — 3. Der Wandel des Arbeitsverhältnisses. — 4. Literatur.

1. Die industrielle Ungelerntenschaft ist das Produkt eines technischökonomischen Ausgliederungsprozesses. Diese Tatsache bestimmte von vornherein auch die Stellung im sozialen Gefüge. Waren mit dem beginnenden Fabriksystem in erster Linie die schon aus einer sich zersetzenden ständischen Ordnung heraus Standortlosen die ersten ungelernten Arbeitskräfte gewesen, so erwuchs bald aus den Wirkungen der Produktionszentralisation die Auflösung von Berufen. In England wurde zuerst die Proletarisierung der Massen von Bedeutung und zur Gefahr. Der englische Pauperismus, in den Berichten parlamentarischer Untersuchungskommissionen (Blaubücher) in einer „Schrecklichkeit enthüllt, die alles vergessen ließ, was man über sizilianische Schwefelbergwerke und japanische Baumwollmühlen in China wußte", entstand durch die Entfesselung der maschinellen Industrie. England zerfiel, wie Disraeli es einige Zeit später in seinem berühmten Roman „Die zwei Nationen" beschrieb, in eine reiche Ober- und Mittelschicht, die sich aus Kaufherren, Fabrikanten und dem Adel zusammensetzte, und, völlig von diesen getrennt, aus den Zurückgesetzten, Verstoßenen, aus allen denjenigen, die die industrielle Revolution zwischen ihren Zahnrädern zermalmt hatte, die gänzlich unerzogen und der Kultur fast unerreichbar wurden. Wenn sich Ungelerntenarbeit „zum ‚Stande' verhärtet, indem sie sich mit den Prädikaten der Dauer und Erblichkeit ausstattet", werden ihre Träger eine soziale Gefahr. „Die ungelernte Arbeiterschaft ist der Boden radikaler Strömungen; hier haben der deutsche Kommunismus und Syndikalismus der Nachkriegszeit, der englische neue Tradeunionism und die amerikanische I. W. W. ihr Hauptrekrutierungsgebiet. Hier war der Nährboden der ‚social unrest', die vor dem Kriege durch alle hochindustrialisierten Länder ging, hier die Wirkung marxistischer und syndikalistischer Schlagwörter am nachhaltigsten, hier hatte aller Radikalismus seine breite Resonanz"[1]. Es ist nicht allein die Trennung vom Besitz der Produktionsmittel, die zu jener gefährlichen Änderung der sozialen Struktur führt. Ihr unterliegt ja auch der industrielle Qualitätsarbeiter, der trotz allem gezeigt hat, daß er zur grundsätzlich friedlichen Eingliederung in die gesellschaftliche Ordnung mit allen

[1] Götz Briefs: Das gewerbliche Proletariat. Grundriß der Sozialökonomik, IX, 1.

Konsequenzen bereit ist, es ist also nicht eine „materialistische" Gegebenheit, sondern es ist vor allem eine Entwicklung, die auf der prinzipiellen Grenzverschiebung im Geistig-Seelischen beruht: Der Einsatz des Ungelernten als unpersönliches Arbeitsmittel, die Gleichsetzung des Menschen mit der Maschine, der immer schärfer heraustretende „Waren"charakter der Arbeit, die Kommerzialisierung der menschlichen Arbeitskraft verursachten eine zwangsläufige Ausgliederung des Arbeitsträgers aus dem sozialen Gefüge. „Die besitzlose, vertretbare Arbeit wird zur ‚blinden' Arbeit, das heißt Arbeit außerhalb höchster Ideen und des höchsten Zwecksystems[2]." Diese „Sinnleere" entwickelt die sozialen Gefahren des Industrialismus. Der Gesellschaftszweck wird negiert, wenn der „fünfte Stand" (die industrielle Ungelerntenschaft) als Basis der Gesellschaftspyramide eine in sich abgeschlossene Schicht bilden muß, deren Individuen, der wesentlichen (nämlich geistigen) menschlichen Wirkungsmöglichkeiten entkleidet, nur mehr Material für den Aufbau der andern sind ohne die Möglichkeit, von unten her in das Gefüge hineinzuwachsen und sich den andern durch den Arbeitszweck verbunden zu fühlen. Die blutleere Konstruktion, daß auch der geringste Arbeiter ein Rädchen im großen Werk sei und daher sowohl die moralische Pflicht an dessen Aufrechterhaltung trage als auch die Befriedigung seines Tuns daraus gewinne, erwies sich tausendmal als sinnlos, wo die Wirklichkeit der steten Auswechselbarkeit den rein „mechanischen" Arbeitscharakter des Ungelernten aufzeigte. Nicht die Tatsache, daß für die Masse der werkzeuggebundenen, fungiblen Arbeiter das Erträgnis der Arbeit meist nie über den Konsumfond hinauswuchs, sondern die Tatsache, daß alle „menschlichen" Bindungen und Verbindungen hinter den realen Überlegungen einer unpersönlich angewandten Kosten-Nutzenrechnung zurückstanden, schuf die soziale Isolierung des Ungelernten. Der Versuch, ihm im System eines Gesellschaftsgefüges moralische Bindungen aufzulegen, die ohne Korrelate nur zu Pflichten wurden, konnte nicht zur Befriedung führen. In diesem Sinne bildete sich im Kampf zwischen Kapital und Arbeit die Zone der Unwirksamkeit. Es ist vielleicht ein Glück für Deutschland, daß sich seine Ungelerntenschaft während der frühindustriellen Entwicklung hauptsächlich aus der Landbevölkerung rekrutierte. Die nachgeborenen Bauern- und Kleinbauernsöhne, die einem unerwünschten Knechtedasein entflohen, trugen als Erb- und Erziehungsgut noch viele günstige Eigenschaften in sich. Sie waren anspruchslos, unverbraucht, unproblematisch, pflichtbereit und im Kerne noch so in gesunder bäuerlicher Denkweise verankert, daß sie klassenbewußter Agitation und Organisation nur zögernd und wenig aktiv folgten. Bedenklicher wurde die Lage

---

[2] Th. Brauer: Produktionsfaktor Arbeit. Jena 1925. S. 109.

allerdings, als die zweite, groß- und industriestadtgeborene junge Generation in die Fabriken einrückte. Sie hatte die bäuerliche Schwerfälligkeit abgestreift, die metaphysischen Bindungen gelockert, war klassengläubig und -bewußt geworden und leichter geneigt, ein Instrument zur Durchführung ihr vorgetragener Ideologien zu werden. Die gesellschaftsbildende Bereitschaft zur Bindung fand weder in Familie noch im Beruf Ansatzpunkte, und der Weg zum Staat war durch die wachsende Negation versperrt.

2. „Es ist ein für die Menschheit unerträglicher Gedanke, daß in dem Maße, wie die Beherrschung der Natur und ihrer Kräfte weiter fortgeschritten ist, die Abhängigkeit des Menschen von den Geschöpfen seiner Hand zugenommen hat[3]", es liegt aber auch in der Kraft des Fortschritts die sichere Hoffnung, daß „die mit dem Maschinismus verbundenen sozialen Nöte in erster Linie Entwicklungs-, Wachstumsnöte sind. Sie können beseitigt werden einerseits durch technisches Vorwärtsschreiten, andrerseits durch Maßnahmen der Sozialpolitik[4]." Wenn vom Ungelernten neuen Stils gesprochen wird, so ist sein Einsatz das besondere Ergebnis des technischen Fortschritts. Der Kuli-Ungelernte hatte die hoffnungsloseste Stellung im Gesellschaftsgefüge. Sein Leben verlief in die Sackgasse. In dem Maße, in dem der Wiedereinsatz geistiger Kräfte und Haltungen in die Ungelerntenarbeit gelingt, liegt ein neuer hoffnungsvoller Tatbestand vor. Dabei handelt es sich prinzipiell nicht um die Größe und Weite der beanspruchten Fähigkeiten. Die Menschen sind mit ihnen verschieden nach Art und Grad ausgestattet und es gibt viele unter ihnen, denen ein kleiner Bezirk zu ihrer Betätigung genügt. Die Gefahr, daß der Begabtere trotzdem in die einfachsten Arbeitssektoren eingesperrt bleibe, ist schon durch die Vitalität der Technik und die Tendenz wahrer Ökonomie, den Menschen als denkendes Wesen in den Produktionsverlauf einzuschalten, verringert. Dazu kommt, und das erscheint von symptomatischer Bedeutung, daß die jüngste Zeit den Weg der Industriearbeiter zum Aufstieg in eine neue Bahn lenkt, vorerst noch zögernd, aber doch an Größe der Bedeutung schon erkennbar. Nicht nur in den neuen Industrien, die ja über keine traditionsgebundene Ausbildung nach dem Lehrlingssystem verfügen, sondern auch in den älteren Wirtschaftszweigen gliedert sich eine Stufenfolge vom Ungelernten zum Facharbeiter heraus, in der der Aufstieg nicht mehr an generelle Bindungen des Lehrverfahrens, sondern an die formlos, meist autodidaktisch erworbene Leistungssteigerung gebunden wird. Nicht daß damit die Notwendigkeit

---

[3] Th. Brauer: Produktionsfaktor Arbeit. Jena 1925. S. 129.
[4] H. Lechtape: Die menschliche Arbeit als Objekt der wissenschaftlichen Sozialpolitik. Jena 1929. S. 23.

des aus der Lehre hervorgehenden Qualitätsarbeiters verneint würde, wir bedürfen seiner als ausgesprochenes Verarbeitungsland in unserm Wirtschaftsleben sehr wohl, aber die nicht notwendige monopolistische Stellung dieses Ausbildungssystems ist für weite Gebiete durchbrochen. Die Methoden des Anlernens bedürfen sicher noch der Vervollkommnung. Welche Möglichkeiten aber bestehen, zeigten die in letzter Zeit aus Anlaß der Knappheit an Facharbeitern in den Metallgewerben durchgeführten Umschulungskurse, in denen Kaufleute, Friseure u. a. in kurzer Zeit brauchbare Angelernte wurden, die noch vor nicht allzulanger Zeit als Berufsbrüchige durchwegs ins Ungelerntentum zurückgefallen wären. Es sind auch schon Bestrebungen erkennbar, diese bisher nur lokalen Bemühungen unter der Obhut der Reichsanstalt für Arbeitsvermittlung zweckmäßiger zu organisieren. Die Berufsbrüchigen, im Zuge der Wirtschaftsentwicklung immer häufiger gezwungen, sich als Ungelernte anzubieten, würden damit als besonders bedauernswertes Element der Ungelerntenschaft in weitem Maße ausscheiden.

3. Besteht so zwar berechtigter Grund zu der Annahme, daß eine Besserung der Soziallage der Ungelerntenschaft schon aus den der Wirtschaft innewohnenden Kräften hervorgerufen wird, so kommt doch der Sozialpolitik noch eine große Aufgabe zu; die Literatur hat mit Recht bei ihrer Kritik der sozialen Zustände immer wieder die Arbeitsteilung als Ursache sozialer Dissonanzen herausgestellt. Die deutsche Sozialpolitik ging mit ihrer Arbeiterschutzgesetzgebung und Arbeiterversicherung einen für die Welt vorbildlich gewordenen Weg. Seit dem ersten modernen Arbeiterschutzgesetz, dem preußischen Regulativ von 1839 über die Beschäftigung jugendlicher Arbeiter in den Fabriken, das schon entscheidend in die Entwicklung von Ungelerntenarbeit eingriff, zeichnen sich viele Bestrebungen ab, die schwere und gefährliche Arbeit unter gesetzlichen Schutz zu stellen und damit in vielen Fällen die Ungelerntenarbeit zu erleichtern. Wenn dabei der Jugendliche am meisten der Obsorge bedarf, so wird das erwartete Berufsausbildungsgesetz, wie aus den vorläufigen Verlautbarungen ersichtlich ist, nicht nur innerhalb der allgemeinen gesetzlichen Bestimmungen über die Arbeitszeit durch einige Einschränkungen einen geschützten Raum für die jugendlichen Arbeiter abstecken, sondern das gesamte Arbeitsverhältnis der Jugendlichen in einer ihrer Altersstufe angemessenen Weise neu regeln und die bloß angelernten Jungarbeiter nicht mehr wie bisher sich selber überlassen. Damit wird eine Linie fortgeführt, die in einer neuen sozialpolitischen Haltung begründet ist. Vom Ungelernten her gesehen ließ ja die gesamte Sozialpolitik noch immer eine bedeutungsvolle Lücke offen. Sie konnte an eine Tiefenschichtung der sozialen Unruhe trotz aller Bemühungen um die Besserung der Arbeiterlage nicht herankommen, indem sie sich zu sehr

objektivierte. Der Betrieb, als „Flammpunkt sozialer Unruhe[5]", konnte nicht individuell befriedet werden; im Betriebe aber wirkten sich Spannungen, Reibungen und Konflikte immer wieder am empfindlichsten an der Stelle des schwächsten Widerstandes, am Ungelernten aus, dem relativ leichtest ersetzbaren Glied der Arbeitsorganisation, dem „Betriebsstoff Arbeit". Das Gesetz zur Ordnung der nationalen Arbeit[6] will diese Lücke schließen, indem es ein Treueverhältnis zwischen Betriebsführer und Gefolgschaft stipuliert. Es bringt damit in das Arbeitsverhältnis einen neuen Sinn, der besonders die Soziallage des Ungelernten zum Besseren verändern kann, indem es die Beziehung ins Menschliche, wo sie am fernsten lag, wieder in den Bereich der Verpflichtung rückt. Das Gesetz stellt den Betrieb wieder in den Mittelpunkt sozialer Aktivität und erinnert damit an Erscheinungen der frühindustriellen Zeit, wo die Befriedung noch freiwillig von unternehmerischer Seite her individuell-patriarchalisch versucht wurde. Das Eingespanntsein in die Konkurrenzlage und die Gefahr, aus den Folgen sozialen Tuns in die Lage eines ökonomischen Grenzbetriebes gebracht zu werden, hinderten damals zum Teil die Weiterentwicklung nach dieser Richtung. Die neue Haltung hat, weil gleichmäßig für alle geltend, mehr Möglichkeit der Verwirklichung. Sie kann geeignet sein, den Ungelernten aus seiner sozialen Isolierung zu lösen. Der Arbeit als Pflicht unterstand der Ungelernte von je, jetzt könnte er ihrer als Recht teilhaftig werden. Aus seiner spezifischen Haltung zur Arbeit als Pflicht und Ehre[7], als Dienst am Volksganzen, bringt der Nationalsozialismus besonders dem Problem des ungelernten Arbeiters ein gesteigertes Interesse entgegen und verfolgt als Ziel nicht nur eine Bereinigung nach der sozialen Seite hin, sondern erkennt auch die ökonomische Bedeutung: „durch Höherqualifizierung auch der ungelernten Arbeiter der deutschen Wirtschaft die Möglichkeit zu geben, unter Aufrechterhaltung bzw. Verbesserung ihres Leistungsniveaus sich in der Welt erfolgreich durchzusetzen[8]". — Die Lösung der sozialen Frage kann aber nicht allein und bestimmt nicht in erster Linie von der Entscheidung über den Lohn ausgehen, sondern die „Erweichung der Proletarität" gelingt nur, wenn sie auch von menschlichen Werten aus versucht wird und wenn diese in das ökonomische System eingegliedert sind. In diesem Sinne gewinnt der Satz Adolf Webers, schon 1910 ausgesprochen, seine Bedeutung: „Die Sozialpolitik wird in Zukunft nur noch insofern Existenzmöglichkeiten haben, als sie zu dem Fundament der Volkswirtschaft ge-

---

[5] G. Briefs: Betriebsführung und Betriebsleben in der Industrie. Stuttgart 1934.
[6] Mansfeld-Pohl: Die Ordnung der nationalen Arbeit. Berlin 1934.
[7] R. Ley: Durchbruch der sozialen Ehre. Berlin 1935.
[8] Kurt Schaaf: Das Problem der ungelernten Arbeiter. In: Monatshefte für nationalsozialistische Sozialpolitik, 3. Jahrg., Heft 7. Stuttgart und Berlin 1936.

hört." Wenn es gelingt, es werden Jahre vergehen, bis die innere Umstellung in allen Beteiligten erfolgt sein wird, an die Stelle der kalten ökonomischen Funktionsbegriffe Arbeitgeber und Arbeitnehmer wieder die blutvolle lebendige Menschenwirksamkeit zur Kooperation zu bringen, wäre den sozialen Fragen die Schärfe genommen. Die Möglichkeit besteht; denn es ist durch nichts zu beweisen, daß der „intellektuelle" Betrieb auch zugleich ein „entseelter" Betrieb sein müsse. Es bedeutet immer wieder einen Irrtum, wenn zur Lösung des sozialen Problems die Frage nach dem „Wirtschaftssystem" gestellt wird, in Frage steht, in jedem Wirtschaftssystem: Der Mensch.

4. Literatur zur Soziallage der Ungelerntenschaft:

C. Arnhold: Menschenführung im Sinne des Dinta. Sozialrechtl. Jahrbuch 1930/I. Mannheim. — M. Bernays: Berufswahl und Berufschicksal des modernen Industriearbeiters. Archiv für Sozialwiss. u. Sozialpol., Bd. 35/36. Tübingen 1912. — Ch. Booth: Labour and life of the people. I, II, III. London 1891/92. — Th. Brauer: Sozialpolitik und Sozialreform. Jena 1931. — G. Briefs: Proletariat, Handwörterbuch der Soziologie. Stuttgart 1931. — G. Briefs: Betriebsführung und Betriebsleben in der Industrie. Stuttgart 1934. — I. M. Clark: Social control of business. Chicago 1926. — F. Engels: Die Lage der arbeitenden Klassen in England. Stuttgart 1892. — G. Fischer: Mensch und Arbeit. Frankfurt a. M. 1929. — Ch. Gide: Économie sociale; Les institutions de progrès sozial. Paris 1912. — R. B. Hersey: Seele und Gefühl des Arbeiters. Psychologie der Menschenführung. Geleitw. v. Robert Ley. Übers. v. B. Stumpf. Leipzig 1935. — W. L. King: Industry and humanity: the principles underlying industrial reconstruction. London 1935. — H. Lechtape: Die menschliche Arbeit als Objekt der wissenschaftlichen Sozialpolitik. Jena 1929. — H. Marr, Von der Arbeitsgesinnung unserer industriellen Massen. Frankfurt a. M. 1924. — J. Meßner: Die soziale Frage der Gegenwart. Innsbruck, Wien, München, 2. u. 3. Aufl., 1934. — P. Osthold: Der Kampf um die Seele unseres Arbeiters. Düsseldorf. — A. Pieper: Berufsgedanke und Berufsstand im Wirtschaftsleben. München-Gladbach 1925. — E. Rosenstock: Industrievolk. Frankfurt a. M. 1924. — E. Rosenstock: Lebensarbeit in der Industrie. Berlin 1926. — B. S. Rowntree: The Human Factor in Business. London 1925. — G. Schmoller: Die soziale Frage. München und Leipzig 1918. — W. Sombart: Proletarischer Sozialismus. Jena 1924. — E. Sommerfeld: Der persönliche Umgang zwischen Führung und Arbeiterschaft im deutschen industriellen Großbetrieb. Probleme der sozialen Werkpolitik I, 2. Schriften des Vereins für Sozialpolitik, Bd. 181. München u. Leipzig 1935. — F. Tönnies: Die Entwicklung der sozialen Frage. Berlin u. Leipzig 1913. — Adolf Weber: Sozialpolitik. Reden u. Aufsätze. München u. Leipzig 1931. — Max Weber: Erhebungen über Auslese und Anpassung (Berufswahl und Berufsschicksal) der Arbeiterschaft der geschlossenen Großindustrie. (Als Manuskript gedruckt.) 1908. — Max Weber: Zur Psychophysik der industriellen Arbeit. IV. Archiv für Sozialwiss. u. Sozialpol., Bd. 29. Tübingen 1909. — L. v. Wiese: Sozialpolitik. Handwörterbuch der Staatswissensch. VII. Jena 1926. — R. Woldt: Die Lebenswelt des Industriearbeiters. 1926. — R. Woldt: Probleme der industriellen Werkspolitik in Deutschland. Aus: German Commerce Yearbook. Berlin 1929.

§ 2. Der jugendliche Ungelernte

1. Gründe seines Ungelerntseins. — 2. Der jugendliche Ungelernte mit „Anwartschaft".

1. Eine Sonderstellung im sozialen Gefüge nimmt der jugendliche Ungelernte ein. Der Lehrling entgeht der Unsicherheit. Aus der Führung der Volksschule entlassen, gliedert er sich in die Gebundenheit eines Berufs, hat ein Ziel, das er, geführt von seinem Meister und von der natürlichen Ordnung des Arbeitsbereiches, gestützt von der Berufsschule, sicher und erfolgreich anstrebt. Seine Familie trägt seinen Unterhalt und stellt so das Ausbildungskapital zur Verfügung. Auf der Basis des erworbenen Berufskönnens besteht beim Hinzutreten individueller Leistungskraft die reale Möglichkeit der selbständigen oder wenigstens gehobenen Existenzgestaltung. Weit ungünstiger ist der lehrstellenlose Jugendliche gestellt. In der Regel hat zwar auch er einen Berufswunsch, will ein Gelernter werden. Vor allem die Ungunst häuslicher Verhältnisse verhindert zumeist die Erfüllung und zwingt den Jugendlichen schnell zum Verdienen. Außerdem leidet das Handwerk, das neben der Industrielehre immer noch in der Hauptsache die lehrmäßige Ausbildung der Jugend übernimmt, durch die Strukturänderungen der letzten Jahrzehnte an Aufnahmefähigkeit und schritt in manchen Berufszweigen sogar, um eine spätere Berufsüberfüllung durch „Lehrlingszüchtung" zu vermeiden, zur organisierten Beschränkung der Lehrlingshaltung. In Industriezentren ließ sich einerseits kein Ausgleich mehr zwischen dem zahlenmäßig großen Nachwuchs und dem verhältnismäßig geringen Anfall an handwerklichen und industriellen Lehrplätzen schaffen, andrerseits erleichterte das mühelose Unterkommen Jugendlicher in Fabriken den Verzicht des einzelnen auf den Abschluß des Lehrvertrags. Der Nachwuchs industrieller Ungelerntenschaft gliedert sich auch schon aus Tradition häufig wieder als jugendlicher Hilfsarbeiter in die Produktion ein. Schließlich boten auch die teilweise sehr geringen Spannungen zwischen Gelernten- und Ungelerntenlöhnen während der ersten Nachkriegszeit wenig Reiz, Kosten für eine Ausbildung zu übernehmen, die nur schwer aufzubringen waren und dennoch nicht zu lohnen schienen, da viele Ausgelernte gleich nach Abschluß ihrer Lehrzeit arbeitslos wurden und damit doch wieder in die Gefahr kamen, als Ungelernte irgendwo ihr Brot suchen zu müssen. Not der Zeit, sprunghaftes Fortschreiten der arbeitsteiligen und maschinisierten Produktion und das plötzliche Abreißen der Konjunktur 1929 verminderten in ihrem unglücklichen Aufeinandertreffen sowohl die Möglichkeit als auch den Willen zum geordneten Erwerb von Fachkönnen. Aus der besonderen Mentalität der Nachkriegsjugend wuchs infolge der langen Entbehrungen einer freudlosen Jugend während

opfervoller Inflationsjahre das Streben, möglichst bald Geld zu verdienen und damit aus der ungern ertragenen Abhängigkeit des Familienverbandes herauszukommen, zu „genießen", „frei" zu sein. Die soziale Literatur hat an großem Material die Gefahr gekennzeichnet, die in einzelnen Großstädten aus dem Anwachsen einer zu früh allen Bindungen entwachsenden Jugend entstand. Diese asoziale Welle wurde durch jene Jugendlichen gefährlich verstärkt, die in den Krisenzeiten aus Mangel an Arbeitsplätzen überhaupt nicht mehr in den Produktionsprozeß eingegliedert wurden, im schmerzlichsten Sinne des Wortes arbeitslos blieben und damit allen asozialen und zersetzenden Einflüssen der Straße ohne innere Widerstandskraft preisgegeben waren. Gab es ja schließlich (nicht nur bei uns, sondern zum Beispiel auch in England) sogar 25 jährige, die überhaupt noch nie in geregelter Arbeit gestanden waren. Diese krisenbestimmte Nichteingliederung der Jugend in die Arbeit bedeutet wohl für Jahre hinaus eine Schwächung der Gesamtarbeitskraft des deutschen Volkes, wie der seit 1934 akut gewordene Facharbeitermangel besonders in den Metallarbeiterberufen zeigt.

2. Aber auch in normalen Zeiten wird die jugendliche Ungelerntenschaft ständig wachsen. Großen Anteil hat daran auf außerindustriellem Gebiet die Entwicklung des Kleinzubringerdienstes, des Transportes zum Kunden. Durch die Vereinfachung der Kleintransportmaschinen, verbunden mit der Führerscheinfreiheit, wird der 18 jährige eine brauchbare und auch viel beschäftigte Arbeitskraft. Allerdings erscheint dieser Einsatz nicht unbedenklich, da sehr häufig mit steigendem Alter die Freisetzung erfolgt. Nur einem Teil dieser Fahrer, Beifahrer und Mitfahrer gelingt es, durch nachträgliche Verbesserung ihrer Ausbildung im Transportgewerbe zu bleiben, wobei ihre Plätze immer wieder vom gelernten Automechaniker bedroht werden. Weit gesünder ist die Stellung des jugendlichen Ungelernten in der Industrie, da sie sich hier immer mehr zu einem „Potentiell" entwickelt. Das Handbuch der Berufe[9] erklärt sehr häufig: „Die Angelernten werden aus der Reihe geeigneter Hilfsarbeiter mit 16 Jahren ausgelesen." Die Wirtschaft benutzt damit die Möglichkeit, auf wechselnden Arbeitsplätzen die besondere Eignung der Jugendlichen in einer Art Probezeit ausfindig zu machen und dann nach dem Ergebnis dieser verlässigen Prüfung den rechten Mann an den individuell richtigen Platz zu bringen. Der Aufstieg zum Facharbeiter ist damit gegeben. Die Arbeitsplätze jugendlicher Schmiedehelfer, Wärmeburschen, Hitzemacher, Hammerschmiedhelfer, Nietwärmer, Vorwärmer sind Beispiele solcher Ausgangsstellungen. An den Glüh- und Schmelzöfen, in der Nadelindustrie, beim Metallpolieren, im Metalldrück- und -lötverfahren, in der Isolierdrahtindustrie, für Metallhobeln und -stoßen werden 16—17 jährige Hilfsarbeiter auf be-

---
[9] Herausgegeben von der Reichsanstalt für AVAV. Leipzig 1930 ff.

stimmte Tätigkeiten eingearbeitet und je nach Leistungsfähigkeit angelernt. In der Spinnerei und Weberei gelten nur Jugendliche als brauchbar zum Anlernen, sie beginnen ihre Arbeit als Spuler, Weifer, Zettler und Aufstecker und rücken dann zur Maschinenbedienung vor. Wenn auch in der Schuhindustrie die Anlernung noch in den verschiedensten Altersstufen erfolgen könnte, ,,so bürgert sich besonders in den Hauptstandorten immer mehr ein, daß die Schulentlassenen je nach Eignung oder eigener Wahl in die verschiedenen Abteilungen der Fabrik eintreten und mit vorrückendem Alter bei entsprechender Intelligenz zu gehobeneren (Haupt-)Teilarbeiten herangezogen und ausgebildet werden[10]". Wenn auch heute infolge des Fehlens genaueren Materials eine vollständige Übersicht noch nicht möglich ist, so ist doch die Richtung erkennbar: In den neuen Industriezweigen, denen das Lehrlingswesen an sich fremd ist, und in älteren Industrien, die besonderen Strukturänderungen in der Produktion unterliegen (z. B. Glasindustrie), entwickelt sich das Anlernverfahren von der Basis des jugendlichen Ungelernten her und erscheint durchaus zweckmäßig, indem es den Arbeiter leistungsfähig zur Qualitätsarbeit macht und ihm Aufstiegsmöglichkeiten gibt. Es gliedert auch den Jugendlichen vorteilhaft ein, indem es, durchaus in einer Parallele zum Lehrlingssystem, das Arbeitsverhältnis in einem bestimmten Wirtschaftszweige konsolidiert, eine gewisse Berufsverbundenheit entwickeln läßt, und in bezug auf ein erreichbares Ziel die individuellen Kräfte und den Leistungswillen weckt. Wenn das geplante Berufsausbildungsgesetz, wie vorgesehen, aus diesem vorläufig noch reinen Arbeitsverhältnis ein Erziehungsverhältnis macht[11], und einen ,,Anlernvertrag" entwickelt (so daß aus einem Arbeitnehmer ein Arbeitsschüler wird), so würde damit eine Entwicklung begünstigt, die für die Ungelerntenschaft überhaupt von weitgehender Bedeutung in arbeitsrechtlicher, wirtschaftlicher und sozialer Beziehung wäre.

§ 3. Ausbildung und Bildung

1. Notwendigkeit. — 2. Form der Durchführung innerhalb des Betriebes. — 3. Die außerbetriebliche Beschulung. — 4. Arbeitsdienst. — 5. Literatur.

1. Beruf erzieht. Wenn auch der modernen Ungelerntenarbeit nicht mehr so unbedingt wie früher die Kennzeichen des ,,Berufs" abgesprochen werden können, so ist doch klar, daß die aus dem ,,Berufen-

---

[10] Handbuch der Berufe. Teil I, Bd. 4, Berufsgruppe XIV. Herausgegeben von der Reichsanstalt f. AVAV. Leipzig 1930 ff.

[11] Ein Gedanke, der schon von Peter Bäumer ausgesprochen wurde: Probleme der sozialen Werkpolitik. Herausgeg. v. G. Briefs, I. Teil: Das Deutsche Institut für technische Arbeitsschulung. Schriften des Vereins für Sozialpolitik. 1930. S. 36/37.

sein" entspringenden Kräfte im Ungelerntentum nur gering ausgelöst werden. Glaubte schon A. Smith[12] darauf hinweisen zu müssen, daß als Gegengewicht zu den Wirkungen der Arbeitsteilung der Staat nichts Besseres tun könne, als Bildungseinrichtungen zu schaffen, so haben seither immer wieder einsichtige Männer auf den Wert der Bildung und Ausbildung für diesen Sonderfall des Arbeiters hingewiesen. 1913 schrieb A. v. Rippel in der Zeitschrift „Technik und Wirtschaft": „Bei der außerordentlich starken Gliederung der Arbeit in den Fabriken, bei den großen Gefahren, die die vielen maschinellen Einrichtungen mit sich bringen, kann man wohl der Meinung sein, daß jeder Arbeiter, also auch der Hilfsarbeiter, um so wertvollere Dienste leisten kann, je mehr er beruflich und allgemein gebildet ist. Ich kann mir zum Beispiel denken, daß ein Transportarbeiter, ein Erdarbeiter, ein Lastträger mehr leisten kann, wenn er zu einer gewissen Systematik seiner Tätigkeit veranlaßt wird, und zwar so, daß er diese Jahresleistung ohne ein Mehr an körperlicher Anstrengung gibt. Der Unternehmer wird ihn dabei auch mehr verdienen lassen können, der Unternehmer muß deshalb einen geistig hochstehenden Arbeiterstand nicht nur aus dem ethischen Grunde, das Staatsbürgertum damit zu heben, sondern auch aus dem selbstsüchtigen Grund, eine höhere Leistung zu erhalten, wünschen und anstreben." Gerhard Albrecht[13] betonte die besondere Bedeutung von Schulungsmöglichkeiten aller Art (von den Volks- und Berufsschulen bis zu den Lehrwerkstätten) für die beim stark produktionsprozeßteiligen Arbeitsprozeß Beschäftigten, v. Gottl-Ottlilienfeld wies in den Schlußsätzen seines vor der Hamburger Lehrerschaft gehaltenen Vortrags[14] darauf hin und das Dinta will die Ungelernten, „da sie einen erheblichen Bruchteil der arbeitenden Bevölkerung bilden und innerhalb dieser durch die Besonderheit ihres Lebensschicksals und das

---

[12] Natur und Ursachen des Volkswohlstandes. V. Buch, III. Teil, 2. Art. (zitiert nach der Ausgabe von F. Bülow, Leipzig), S. 251: „Je mehr sich die Arbeitsteilung durchsetzt und je einseitiger demgemäß die Beschäftigung mancher Menschen wird, desto weniger wird der Verstand der Menschen in allseitiger Weise gebildet. Derjenige, der sein ganzes Leben mit der Verrichtung weniger Handgriffe zubringt, deren Verlauf immer wieder derselbe ist, hat keine Gelegenheit, seine Verstandeskräfte zu betätigen und auszubilden. Es besteht also die Gefahr, daß er immer dümmer und unwissender wird. Es geht ihm auf diese Weise nicht nur die Urteilskraft verloren, d. h. die Fähigkeit, sich vernünftig zu unterhalten und nachzudenken, sondern es verkümmern auch seine Gemütskräfte, d. h. er verliert die Fähigkeit zu hochherzigen, edlen und zarten Gefühlen. Was aber noch wichtiger ist: er kann sich nicht mehr über seine eigenen Interessen erheben, nationaler Sinn und Liebe zum Vaterlande gehen solchen Menschen ab. Sogar die körperlichen Fähigkeiten leiden unter der beruflichen Einseitigkeit. Es ist daher notwendig, daß der Staat diesen Wirkungen der modernen Arbeitsteilung vorbeugt."

[13] Schmollers Jahrbuch 1924: Zur Lehre vom Produktionsfaktor Arbeit. S. 65.

[14] Abgedruckt im Archiv für Sozialwissenschaft und Sozialpolitik. 50. Band: Arbeit als Tatbestand des Wirtschaftslebens. Tübingen 1923.

Fehlen einer planvollen, fest umrissenen Entwicklung ohne Zweifel noch ein besonders unruhiges Element im rationalisierten Ablauf des technischen Prozesses sind", in die Bezirke menschenökonomischer Maßnahmen durch Schulung einordnen.

2. Mit dem Ziele zur „Befreiung des Arbeiters aus der Einsamkeit seiner isolierten Teilfunktionen im Herstellungsprozeß, zur Überwindung der feindlichen Oppositionsstellung zwischen Arbeiter und Unternehmer und zur Befriedigung und Befriedung des Arbeiters im gegenwärtigen Wirtschaftsystem mit den der deutschen Wirtschaft gegenwärtig zur Verfügung stehenden Mitteln" stellte es für die Ausbildung Ungelernter einen Plan auf, an die Stelle des blinden Zufalls und der Überlassung der eigenen Initiative (die gerade jugendlichen Ungelernten meist mangelt) eine strengere Systematik und planvolle Entwicklung zu setzen, die zur Erziehung für die Wirtschaft führen soll. Der Blick des Ungelernten, der in der empirischen Arbeitsschulung von vornherein auf einen minimalen Arbeitssektor verengt wird, soll zuerst in einer Lehrwerkstätte auf die grundlegenden Arbeitsfunktionen gelenkt werden. Diese sind natürlich jeweils betriebswirtschaftlich bedingt, jedoch wird der Bearbeitung von Metall und Holz eine Vorzugsstellung gegeben, da sie sich für den Unterbau zu sehr vielen Ungelerntentätigkeiten eignen. Es ist dabei natürlich zu vermeiden, aus dieser Beschäftigung eine kleine Schlosser- oder Schreinerlehre zu machen, die in Anbetracht der nur kurz verfügbaren und wirtschaftlich tragbaren Zeit nur zur Halbheit führen müßte. Als wesentlich erscheint die Ausstattung mit Maschinen und die Vertrautmachung mit Handgriffen an ihnen und ihren inneren Zusammenhängen. Das Dinta will diese Halblehrlingszeit auf zwei Jahre ausgedehnt wissen. Im zweiten Abschnitt der technischen Bildung soll der Jugendliche unter der führenden Hand der Lehrwerkstätte nach einem bestimmten Schema durch den ganzen Betrieb als Arbeitender geführt werden, bis er einmal, nachdem er durch Überblick und Sachkenntnis den nötigen Einbau ins Werk gefunden hat, zu jener Stelle kommt, in der er nach seiner Befähigung einen Lebensposten, in seiner Arbeit einen „Beruf" gefunden hat. Von der betriebstechnischen Seite her bringt dieser Plan alles Wesentliche, was getan werden kann, um aus einem gefährlich isolierten Lohnverdiener einen ins Ganze eingebauten Arbeiter zu machen. Wie im Vorausgegangenen dargestellt wurde, haben sich für jugendliche Ungelernte in den verschiedenen Wirtschaftszweigen schon Entwicklungsgänge ähnlicher Art herausgestaltet, und wenn sie sich vielfach wohl unabhängig von den Gedankengängen des Dinta hauptsächlich aus betriebswirtschaftlichen Erwägungen entwickelt haben, so beweist sich damit, daß rechte Menschenökonomie mit Wirtschaftlichkeit konform gehen kann.

In diesem Sinne interpretiert auch C. Arnhold, der Leiter des Amtes für Arbeitsführung und Berufserziehung, die Forderung Dr. Leys nach Beseitigung des ungelernten Arbeiters folgendermaßen: „Wenn Dr. Ley einmal erklärte, es darf in Deutschland keinen Ungelernten mehr geben, so bedeutet das natürlich nicht, daß er jeden jungen Arbeiter möglichst lange in eine Lehre stecken will, sondern daß auch der, auf den heute noch der Begriff ungelernt zutrifft, zumindest in den Grundbegriffen ausgebildet sein muß."

3. Grundsätzlich weit schwieriger ist die außerbetriebliche schulische Eingliederung jugendlicher Ungelernter, da sie sich wesentlich von der der Lehrlinge unterscheidet. Es ist daher begreiflich, daß der Ausbau von Berufsschulen, der sich um die Wende des Jahrhunderts vor allem in den größeren Städten unter Ausschaltung des bisherigen Volksfortbildungsschulsystems vollzog, zuerst mit der Erfassung der in die Berufe eingegliederten Lehrlinge begann. Hier waren klare Voraussetzungen gegeben für eine Parallelführung zwischen Meisterlehre und Berufsschule, und aus der Zusammenarbeit der Innungen und der städtischen Schulbehörden entwickelte sich die wertvolle Vervollkommnung des Bildungsganges Jugendlicher um so erfolgreicher, je klarer die Schülerzahl der großen Städte auch eine Spezialisierung dieser Schulen erlaubte. Fortschreitend setzte sich durch freiwillige Abmachungen zwischen den Berufsschulträgern und den Berufskörperschaften die Verlängerung der an sich nur 10jährigen gesetzlichen Schulpflicht über diesen Zeitpunkt hinaus bis zur Vollendung des Lehrverhältnisses durch und wurde durch die neue Spruchpraxis der Gerichte auch über die als Ende jeder gesetzlichen Schulpflicht gezogene Grenze (Vollendung des 18. Lebensjahres) hinaus verlängert, wenn bis zu diesem Zeitpunkt das Lehrverhältnis noch nicht geendet hatte. — Für Ungelernte lagen die Verhältnisse wesentlich ungünstiger. Gg. Kerschensteiner, der Begründer eines vorbildlich durchdachten und organisierten Berufsschulsystems, glaubte sogar dem ungelernten Jugendlichen überhaupt keinen Platz darin einräumen zu können. Er sagte: „Für die Jugendlichen in ungelernten Berufen, die jugendlichen Tagelöhner, Laufburschen, Handlanger, Erdarbeiter, Hilfsarbeiter, Liftboys usw. aber auch für die recht zahlreichen, in wenigen Wochen angelernten und dann mechanisch angespannten jugendlichen Fabrikarbeiter gibt es keine Berufsschulen; denn man kann für solche Arbeiten nicht berufen sein oder berufen werden. Man hat wohl auch sie in Fortbildungsschulen gesammelt; aber alle Berufsschullehrer in Deutschland, die in Fortbildungsschulen für solche Jugendliche tätig sind, tragen eine schwere und höchst undankbare Last[15]." Es mag in

---

[15] Er betrachtet in seiner gekrönten Preisarbeit: „Staatsbürgerliche Erziehung der deutschen Jugend" (Erfurt 1901, 10. Aufl. 1931), den Ungelernten als den Ausnahmefall, den Lehrling als den Normalfall.

den örtlichen Gegebenheiten liegen, innerhalb derer Kerschensteiner sein System verwirklichte (München war eine vorwiegend handwerklich strukturierte Stadt), daß der Begriff Beruf als zu eng gefaßt erscheint. Arbeiter sein, ganz gleichgültig wo und wie, kann nicht ein prinzipielles vom „Berufe" Ausgeschlossensein bedeuten. Es ist weniger das allenfallsige Fehlen eines Berufes, das die Beschulung der Ungelernten schwierig macht, als vielmehr die mangelnde Konsolidierung in der Arbeit, die genaue Umgrenzung des Arbeitsgebietes, die Ungeklärtheit des arbeitstechnischen Verlaufes, die zu frühe Eingliederung in das Arbeitsvertragsverhältnis und der Mangel an eigentlichen außerschulischen Erziehungsfaktoren, da die Familiengewalt dem jugendlichen Lohnempfänger gegenüber zu leicht und zu schnell versagt. Trotzdem und sogar deshalb gliedern sich drei wesentliche Gebiete für die Ungelerntenschule deutlich heraus: Sie bezieht eine wertvolle Hilfestellung zur Eingliederung des Jugendlichen in den technischen Arbeitsbereich, in die soziale und politische Ordnung.

Die Berufsschule für Ungelernte entbehrt natürlich im Bereich des ersten Gebietes des feststehenden und klar umrissenen Schulungsgutes, da selbst bei der selten möglichen Spezialisierung (Klassen für ungelernte Metallarbeiter, Textilarbeiter, Transportarbeiter, kaufmännische Hilfsarbeiter usw.) das Arbeitstechnische noch ein variabler Faktor ist. Der wertvolle Grundgedanke: Erziehung durch Arbeit, kann aber auch beim teilweisen Fehlen technisch genau bestimmter, also im engsten Sinne beruflich gegebener Sachgebiete noch erfolgreich durchgeführt werden. In sozialer und politischer Beziehung erwachsen der Ungelerntenschule jedoch ganz besondere Aufgaben. E. Rosenstocks[16] Urteil: „Da ist die Fach- und Fortbildungsschule mit ihrem matten Flügelschlag. Sie ist völlig abgeschnitten vom übrigen Bildungswesen, ja vom Geistesleben. Ein paar Stunden Deutsch oder Religion sollen uns darüber beruhigen, daß diese Schulen für die Gemeinschaftserziehung ausfallen", verkennt doch die Möglichkeiten nach jeder Richtung. Natürlich muß die Eingliederung Jugendlicher in die Arbeit, die nicht nur aus wirtschaftlichen Gründen, sondern aus den natürlichen Entwicklungsgegebenheiten des Alters, im allgemeinen am günstigsten zwischen 14 und 18 Jahren durchgeführt wird, den Hauptanspruch an die zur Verfügung stehende Zeit machen. Somit bleibt der Berufsschule wohl nie mehr als ein Wochentag für ihre Arbeit übrig. Was sie zur Eingliederung Jugendlicher in Arbeit und Gesellschaft leistet, ist auch durch die wachsende Anerkennung bewiesen, die ihr aus den Wirtschaftskreisen zufließt und die Opferwilligkeit der örtlichen Verwaltungskörper, auf denen die große Last der Sach- und Personal-

---

[16] Eugen Rosenstock: Lebensarbeit in der Industrie. Berlin 1926. S. 55.

kosten ruht. Wo die Beschulung Ungelernter durchgeführt ist, kann durch sie um so mehr ein wesentlicher Beitrag zur Bildung des jungen Menschen gegeben werden, als ihr Lehrplan viel weniger als der der Lehrlingsberufsschulen der Gefahr des berufstechnischen Materialismus unterliegt, sondern sich auf der Grundlage allgemeiner Bildungsideale aufbauen kann und so die Vorbedingungen für die Entwicklung und Festigung sozialer und politischer Grundtatsachen und Grundwahrheiten in sich trägt und damit der Forderung Sprangers dient: Allgemeinbildung über Berufsbildung. Es mag sein, daß jugendliche Ungelernte oft eine labile Stellung zum Berufsgedanken und dem technischen Bereich ihrer Arbeit haben, die sozialen und politischen Fragen aber finden bei ihnen ein brennendes Interesse, das die Schule als günstige Voraussetzung ihrer klärenden und ordnenden Bemühungen benützt.

Einige Zahlen[17] kennzeichnen die Bedeutung, die der Ungelerntenbeschulung zukommt. Nach der preußischen Berufsschulzählung von 1926 sind dort von 524 831 gewerblichen Berufsschülern 101 998 ungelernte Jugendliche (19,4%). In einzelnen Städten Deutschlands waren in den Berufsschulen eingeschult:

	Gelernte (=Lehrlinge)	Ungelernte		Ungelernte in Prozentsätzen der Gesamtschülerzahl
Hagen.....	1 724	2 306	Angelernte ausgegliedert	57%
Köln	4 010	5 100	An- u. Ungelernte gemeinsam	56%
Essen	6 000	5 471	,, ,, ,, ,,	47%
Gelsenkirchen .	2 367	1 951	,, ,, ,, ,,	45%
Aachen	2 130	1 570	Angelernte bei den Gelernten	42%
Zwickau....	738	488	Angelernte ausgegliedert	40%
Recklinghausen	1 583	925	An- u. Ungelernte gemeinsam	37%
Bochum	3 214	1 846	Angelernte ausgegliedert	37%
Elberfeld ...	1 631	908	An- u. Ungelernte gemeinsam	36%
Duisburg ...	3 887	2 108	,, ,, ,, ,,	35%
Barmen.....	2 375	1 043	,, ,, ,, ,,	30%
Dortmund...	4 120	1 413	,, ,, ,, ,,	26%
Hamburg ...	17 233	5 530	,, ,, ,, ,,	25%
Elbing.....	1 570	531	,, ,, ,, ,,	25%
Stettin	4 536	1 350	,, ,, ,, ,,	23%
Breslau	8 082	2 344	,, ,, ,, ,,	22%
Leipzig ...	9 437	1 458	,, ,, ,, ,,	13%

Das wöchentliche Unterrichtsmaß variiert zwischen 4 und 10 Schulstunden, die sich neben Rechnen, Deutsch, Religionslehre und Turnen

---

[17] Barth, Bode, Erben: Beschulung der Ungelernten. Wittenberg 1928. (Das Standardwerk für dieses Gebiet.)

auf vielgestaltig benannte Lehrfächer verteilen, die nach drei Gruppen geordnet werden können:

1. Gruppe der betriebstechnischen und berufskundlichen Stoffe: Gewerbekunde, Berufskunde, Allgemeine Berufskunde, Fachkunde, Geschäftskunde, Betriebskunde, Handelskunde, Wirtschaftskunde, Werkkunde; Buchführung, Maschinenschreiben; Gesundheitslehre, Gewerbehygiene.
2. Gruppe der sozialen und politischen Stoffe: Lebenskunde, Gemeinschaftskunde, Bürgerkunde, Staatsbürgerkunde, Gesetzeskunde, Volkswirtschaftslehre.
3. Gruppe der Handfertigkeiten: Metall-, Holzbearbeitung, Gartenbau, Papparbeiten und Buchbinden.

Bei nur 4—6stündigem Unterricht in der Woche entfällt meist die Gruppe der Handarbeiten. In entwickelten Ungelerntenschulen hingegen sind ausgebaute Schülerwerkstätten eingerichtet, in denen unter Leitung eines Fachmanns jeder Schüler am werkzeugmäßig ausgestatteten eigenen Arbeitsplatz seine Werkstücke bearbeitet. Die Ausgestaltung der Ungelerntenschulen nach dieser Richtung erscheint unerläßlich, weil die Erziehung werktätiger Jugendlicher durch Arbeit ein ihr eigentümliches und wertvolles Merkmal der Berufsschule bildet. Am häufigsten wird sie auf der Basis der Holz- und Metallbearbeitung durchgeführt, während Papparbeiten nur in manchen Fällen von Sonderbedeutung sind. Nach dem Kriege richteten einige Städte auch praktisch betriebenen Kleingartenbau aus gesundheitlichen, sozialen und sozialpolitischen Gründen ein und betrachteten ihn als wertvolles Erziehungsmittel. In einer Zeit, die auf Auflockerung der Arbeiterwohnviertel und Stadtrandsiedlung Wert legt und aus guten Gründen auch den Arbeiter wieder mit dem Boden verwurzeln will, erscheint der Gedanke zwar verlockend, nur bleibt das Bedenken, daß damit in die Ungelerntenschule etwas „Berufsfremdes" eingebaut wird, während in der Holz- und besonders Metallbearbeitung doch die wesentlichsten und nächstliegenden Tatbestände eines großen Teils der Ungelerntenarbeit schulisch erfaßt und verwertet werden können. — Eine Ungelerntenschule im Ruhrgebiet organisierte die Metallbearbeitung arbeitsteilig, angeregt durch die besonderen örtlichen Wirtschaftsgegebenheiten: In einer Maschinenwerkstatt wurden sämtliche Arbeitsvorgänge eines Werkstückes (Welle mit Büchse und Grundplatte) vom Modellbau bis zum Zusammenbau von geschlossenen Arbeitsgruppen arbeitsteilig hergestellt. Es entstand so eine Art Vorlehre für angelernte Arbeiter, von der aus, wie der Gestalter dieses Systems meint, sichtbar auch für Ungelernte die Wendung zur Berufsschule (im eigentlichen und ursprünglichen Wortsinn) vollzogen werden könnte. Damit wird eine grundsätzliche Frage aufgeworfen. Die Soziologie bedauert immer wieder, daß Arbeitsteilung und Maschinisierung aus der Arbeit an einem sinnvollen Ganzen den „virtuosen Handgriff einer ohnsinnhaften Teilverrichtung"[18] mache und glaubt darin die Ursache schwerer menschlicher und sozialer Diskrepanzen sehen zu müssen. Daher erscheint es fraglich, ob die Berufsschule auf solchen Grundlagen ihre Erziehung durch Arbeit zur Arbeit aufbauen soll, ob sie nicht vielmehr besser zum Ziele kommt, wenn sie dem Jugendlichen das Erlebnis der Ganzheitsarbeit, das ihm die rauhe Wirklichkeit der Wirtschaft versagt, nicht erst recht gründlich zuteil werden lassen und dabei in der Auswahl der Werkstücke nicht nur den persönlichen Arbeits-, sondern auch den persönlichen Gebrauchswert berücksichtigen soll. — Die Vielzahl und Vielnamigkeit der „theoretischen" Lehrgebiete zeigt deutlich, daß die Ungelerntenschulen (meist als Allgemeine Abteilungen der Berufsschulen, Arbeiterschulen oder Fabrikarbeiterschulen bezeichnet) noch mitten in der Entwicklung begriffen sind. Neben Resten aus den alten Volksfortbildungsschulen und Anlehnungen an die Struktur der Lehrlingsberufsschulen zeigen sich aber schon deutlich Tendenzen zur eigengesetzlichen Lehrstoffauswahl und -gestaltung. Mit ihrer wachsenden Bedeutung werden die Ungelerntenschulen in individueller Berücksichtigung der wirtschaftlichen Gegebenheiten der jeweiligen Standorte die Bildungs- und Erziehungsinhalte umfassen, die dem einfach arbeitenden Menschen fürs tägliche Leben, für seine Arbeit, seine Eingliederung in Wirtschaft und Volksgemeinschaft nötig sind.

4. Zu einem außerordentlich wichtigen Instrument der Schulung und *Beschulung Ungelernter wird sich auch der Arbeitsdienst entwickeln.* Er muß im Wesen wohl auf Ungelerntenarbeit beruhen, führt allen Arbeitenden ohne Unterschied des Gelerntseins und der sozialen Stellung den tiefen Wert einfachster Arbeit beispielhaft vor Augen und bezieht ihn sinnfällig auf das Wohl des Volksganzen. Mehr als jedem anderen kann er daher dem Ungelernten zur Sinngebung der eigenen Lebensarbeit verhelfen. Student und Hilfsarbeiter, Handwerker und Fabrikarbeiter sind nicht nur Symbole eines verbundenen Volkes, in ihren Kameradschaften entstehen auch Kräfte, die dem Ungelernten in Arbeit und Freizeit Kenntnisse und Erkenntnisse geben, von denen er durch die „Isoliertheit seines Tuns" abgeriegelt war. Hier und in der Schule des Wehrdienstes liegen große Möglichkeiten sozialer Entspannung, die sich vor allem erfolgreich für die Eingliederung der Ungelerntenschaft in die Volksgemeinschaft auswirken können.

---

[18] Götz Briefs: Das gewerbliche Proletariat. Grundriß der Sozialökonomik, IX, I. Tübingen.

5. Literatur über den jugendlichen Ungelernten, seine Bildung und Ausbildung:

A. Barth: Bericht über die Beschulung der Ungelernten. Kölner Blätter für Berufserziehung, 1928, Heft 4. — Barth, Bode, Erben: Beschulung der Ungelernten. Wittenberg 1928. — H. Bues: Die Stellung des Jugendlichen zum Beruf und zur Arbeit. Berlin 1926. — H. Erben: Die Berufsschule der Ungelernten. In: Handbuch f. d. Berufs- u. Fachschulwesen. Leipzig 1928. — A. Fischer: Über Beruf, Berufswahl und Berufsberatung. Leipzig 1918. — A. Fischer: Jugend und Beruf. 1926. — G. Fronemann: Berufsethos und praktische Berufserziehung. Jena 1921. — Herring: Die praktische Berufsausbildung der ungelernten Arbeiter. Schriften der Gesellsch. für soziale Reform. Jena 1921. — Das Junge Deutschland, 1936, Heft 5. Mit Beiträgen von H. Anderlahn, H. Boldt, G. Ebersbach, K. Hedrich, B. Mewes. — Gg. Kerschensteiner: Theorie der Bildung. Berlin und Leipzig 1926. — W. Mansfeld: Einige Grundfragen eines Jugendarbeitsrechtes. Monatshefte für nationalsozialistische Sozialpolitik, Heft 9. 1935. Stuttgart und Berlin. — J. Riedel: Allgemeine Berufserziehung von Nichtgelernten. Leipzig 1933. — K. Schaaf: Das Problem der ungelernten Arbeiter. In: Monatshefte für nationalsozialistische Sozialpolitik, 3. Jahrg., Heft 7. Stuttgart und Berlin 1936. — R. Schindler: Der Jugendliche in der Wirtschaft und im Recht. Berlin 1927. — R. Schindler: Das Problem der Berufsauslese in der Industrie. Jena 1929. — Schriften der Gesellschaft für soziale Reform; Heft 30—40: Die jugendlichen Arbeiter in Deutschland; Heft 70—73: Die Berufserziehung des Arbeiters. Jena. — E. Spranger: Psychologie des Jugendalters. Leipzig 1924. — Veröffentlichungen (laufend) des Deutschen Ausschusses für das technische Schulwesen (Datsch): „Technische Erziehung" (seit 1926) und „Lehrgänge für Werkstattarbeit" (seit 1908). Berlin.

Fünfter Abschnitt

Arbeitseinsatz und Anteil am Sozialprodukt

1. Die Qualität der Arbeitskraft. — 2. Quellen der Ungelerntenschaft: Landflüchtige, Berufsbrüchige, Jugendliche. — 3. Angebot und Nachfrage. — 4. Lohntheorien. — 5. Lohnbildung nach neuem Arbeitsrecht. — 6. Literatur

1. Von wenigen Ausnahmen abgesehen (Polen im Kohlenbergbau, Italiener in der Ziegelherstellung) deckte Deutschland in der Vorkriegszeit seinen Bedarf an wenig qualifizierten Industriearbeitern aus der einheimischen Bevölkerung. Es stand ihm dabei hochwertiges Menschenmaterial zur Verfügung, das infolge der seit Jahrhunderten vorhandenen Arbeitstradition, des hochentwickelten Schulwesens und des gehobenen Kultur- und Zivilisationsniveaus eine unvergleichlich bessere Arbeitskraft darstellte als das Analphabetentum, mit dem jüngere Industriestaaten beim Aufbau ihrer Produktionsorganisation zu rechnen hatten. Es wäre deshalb nicht nur menschlich, sondern auch ökonomisch nicht zu rechtfertigen gewesen, wenn der Einsatz deutscher Ungelernter grundsätzlich und auf die Dauer auf der Kulibasis erfolgt wäre. Die Entwicklung zeigte, daß im Streben nach Menschenökonomie die bedeutende Gesamtarbeitsfähigkeit auch derer, die über kein Spezialkönnen

verfügen, immer besser benutzt wurde. Es ist offensichtlich, daß statt der früheren Ansprüche an körperliche Kraft und Ausdauer bei Irrelevanz des Geistigen, heute wesentlich höhere Eigenschaften vom industriellen Ungelernten verlangt werden: Örtliche und sachliche Überallverwendbarkeit, Anpassungsfähigkeit, allgemeine Geschicklichkeit, Beweglichkeit, Zuverlässigkeit, Aufmerksamkeit, gleichbleibende Wachsamkeit, Anstelligkeit, natürliche Klugheit, Nervenstärke und Reagibilität, Ruhe, Besonnenheit, Sinn für die Bedeutung von Geringfügigkeiten und Genauigkeit. Damit hat der industrielle Ungelernte von heute in seiner allgemeinen Arbeitsfähigkeit vieles vor dem Gelernten alten Stils, dem Handwerksgesellen früherer Zeiten, voraus, an dessen einmal erworbenes Arbeitskönnen infolge der Statik der gewerblichen Produktion hauptsächlich reproduktive Ansprüche gestellt wurden. Die Gesamtarbeiterschaft von heute und mit ihr die Ungelerntenschaft muß auf häufige Änderungen der Produktionsmethoden eingestellt und täglich bereit sein, die Probe des Könnens aufs neue zu bestehen.

2. Der steigende Bedarf an Ungelernten in den letzten 100 Jahren industrieller Entwicklung in Deutschland wurde hauptsächlich aus drei Quellen befriedigt. Zuerst wanderten die landflüchtigen Landarbeiter der Großgüter und nachgeborenen Söhne von Mittel- und Kleinbauern in die Städte und Fabriken. Neben dem höheren Lohn (Knechte hatten 70—80 $\mathscr{S}$, höchstens 1,50 $\mathscr{M}$, während in der Industrie gleichzeitig 3—4 $\mathscr{M}$ täglich bezahlt wurden) waren auch persönliche Gründe maßgebend. Man wollte aus der Gebundenheit und Aufstiegslosigkeit der ländlichen Verhältnisse zum größeren Maß von Bewegungsfreiheit und erstrebte bessere Rechts- und Lebensverhältnisse für sich und die Nachkommen. Die Industrie gewann dadurch zwar keine speziell ausgebildeten Arbeitskräfte, jedoch Menschen, deren Struktur für den Aufbau der fabrikatorischen Produktion durchaus wertvoll war; es war ein körperlich kräftiger und gesunder, strebsamer, fleißiger, bescheidener, gewissenhafter und ehrlicher Menschenschlag, in seiner inneren Haltung aus alter, nachwirkender, bäuerlicher Tradition stabil und für politische und wirtschaftspolitische Ideologien und Experimente wenig zugänglich. In den Sonderfällen, wo sich Industrie verstreut innerhalb landwirtschaftlicher Gebiete ansiedelte (Württemberg, Baden, Teile des nordwestlichen Bergbaugebietes, teilweise auch Bayern), konnte die zur Industrie abwandernde Bevölkerung noch großteils ihr ursprüngliches Domizil bewahren, zum Teil auch mit der Landwirtschaft als Nebenbetrieb verbunden bleiben. Vorhandene saisonmäßige Fluktuationsbewegungen zwischen Industrie- und Landarbeit zeigen sich auch jetzt immer noch: „Das Angebot ungelernter Arbeiter (im Steinkohlenbergbau 1912 bis 1926) unterlag Saisonschwankungen: Im Herbst war der Zugang von Ungelernten am stärksten, der Abgang am schwächsten, weil die un-

gelernten Arbeiter im Winter nur schwer andere Arbeit finden konnten. Im Frühjahr war der Abgang von Ungelernten am größten, weil dann viele Arbeiter in der Landwirtschaft oder beim Ausschachten Verwendung fanden[1]."

Einen großen Anteil der ungelernten Industriearbeiterschaft lieferte ferner das Handwerk. Nicht nur Strukturänderungen in der Produktion setzten in einzelnen Berufszweigen kleinere und größere Teile der handwerkerlichen Berufsarbeiterschaft für dauernd frei, sondern auch die Art der Lehrlingshaltung trug sehr dazu bei, den Gelerntennachwuchs des Handwerks über Bedarf zu erweitern. Sie ist aus der bedrängten Lage vieler Handwerkszweige zu erklären, die zur Haltung von billigen Lehrlingen an Stelle von Gesellen veranlaßte. Wenn noch im Jahre 1930 nach Feststellung der Handwerkskammer im Reich bei 1 300 000 Handwerksbetrieben ein Lehrlingsbestand von 730 000 vorhanden war, so müssen, selbst bei der Annahme, daß ein Teil der handwerksmäßig Gelernten später eine fachgemäße Verwendung in der Industrie finden kann, doch viele Ausgelernte infolge Übersetzung ihres Berufs den Weg zur ungelernten Industriearbeiterschaft nehmen. Zur grundsätzlichen Änderung dieses bedauerlichen Tatbestandes ist wohl der Ausbau des Berufsberatungswesens im Rahmen der Reichsanstalt sehr dienlich, wenngleich die Voraussicht auf den mutmaßlichen Bedarf in den einzelnen Produktionszweigen sehr schwierig ist. Andrerseits aber beginnen auch schon die Berufskorporationen durch Kontingentierung der Lehrlingshaltung nützliche Hemmungen gegen „Lehrlingszüchtung" einzuschalten. — Auch innerhalb der Industrie selbst erfolgt im Flusse der technischen und wirtschaftspolitischen Entwicklung[2] immer wieder die Freisetzung ganzer Gruppen von Arbeitsqualifikationen. So setzte die Einführung neuer Maschinen in der Tafelglas- und Flaschenerzeugung, in der Rasierklingenerzeugung u. ä. den Großteil der gelernten Arbeiterschaft endgültig außer Verwendung. War bisher der Zufluß zur Ungelerntenschaft für die Freigesetzten aller Berufe die Regel, so entsteht zur Zeit mit der planmäßigen Durchführung der Anlernung in den Betrieben (zum Teil mit Zuschüssen der Reichsanstalt) immer häufiger die Möglichkeit, den einzelnen vor dem Absinken in die Ungelerntenschaft zu bewahren und, wenn möglich anknüpfend an das erworbene Arbeitskönnen, die schnellere Wiedereingliederung in gehobenere Arbeitsstellen durchzuführen. Der soziale Segen dieser Bemühungen wäre groß; denn die Berufsbrüchigen empfinden mit Recht ihren Stellungswechsel als bitter. In gleich schwieriger Soziallage sind jene Gelernten, die infolge Krankheit, Berufskrankheit, Unfall und Berufsunfall zur weiteren Ausübung ihres Berufes untauglich werden und auf der Basis der Un-

---

[1] Enquêtebericht. IV. Unterausschuß. Band 2 (S. 183).
[2] Manchmal auch infolge des modischen Geschmackswandels.

gelerntenarbeit wieder ihr Brot suchen müssen. Versöhnlich wirkt hier vielleicht nur, daß (neben den sozialen Hilfen) die maschinisierte Arbeitsteiligkeit selbst jenen noch Leistungsgebiete schaffen kann, die sonst vollständig aus der Arbeit ausgegliedert werden müßten.

Mit dem Beginn des 20. Jahrhunderts erschloß sich noch eine dritte Quelle der industriellen Ungelerntenschaft besonders stark: Die Schar der Jugendlichen. Während der Kriegszeit war die frühzeitige Eingliederung Schulentlassener in die industrielle Produktion nationale Notwendigkeit gewesen, aber auch bei veränderten Verhältnissen nachher blieb der Arbeitseinsatz ungelernter Jugendlicher groß. Neben den Ursachen des Privaten und Persönlichen (Verarmung der Familie, Lockerung der Familienverbände, Drang der Jugend nach Freiheit und Selbstständigkeit usw.), den Strukturänderungen der Produktion im Sinne der maschinisierten und arbeitsteiligen Erzeugungszentralisation und der teilweisen Stagnation im Handwerk waren es auch Gründe, die in der veränderten Altersschichtung der Bevölkerung lagen. Die verhältnismäßig starken Geburtenjahrgänge der letzten Vorkriegsjahre kamen, als sie ins Alter der Arbeitseingliederung traten, zuerst in die Rationalisierungswelle und dann in die Zeit der sinkenden Konjunktur, die Geburtenjahrgänge von 1915 ab in die Zeit der steigenden Arbeitslosigkeit. Die 1919 einsetzende Geburtenwelle verdoppelte vom Jahre 1933 ab fast die Zahl der 14jährigen, die Lehr- und Arbeitsplätze suchten. So kam es, daß seit 1914 der übliche und selbstverständliche Zustrom der Schulentlassenen zu den Lehrstellen in Handwerk und Industrie seine Kontinuität verlor. Lernwillige, die keinen Lehrplatz fanden, Zweifelnde, die fürchteten, nach Vollendung der Lehrzeit arbeitslos zu werden, alle, die der sofortige Verdienst lockte und die ihr Leben voreilig auf den Tag einstellten, vermehrten die Zahl derer, die sich bisher schon hauptsächlich in den reinen Industriebezirken von vornherein zur Ungelerntenarbeit entschlossen hatten. Der Altersaufbau der erwerbstätigen Bevölkerung verschob sich durch die Bevorzugung der Jugendlichen in der Wirtschaft und die allmählich fortschreitende Ausgliederung der Älteren (ein zeitweiser Parallelismus zu amerikanischen Verhältnissen). Mit der Besserung der Beschäftigungslage wurde deshalb heute der Facharbeitermangel, der in gewissem Maße ja jeder Konjunktur eigen ist, besonders akut. Man ist bestrebt, aus den Fehlern der Vergangenheit die Lehren zu ziehen. So stellt die „Anordnung über die Verteilung von Arbeitskräften" vom 28. August 1934 die Neueinstellung Jugendlicher unter 25 Jahren unter die Genehmigungspflicht der Arbeitsämter, beeinflußt den Nachwuchs der verschiedenen Gewerbezweige und damit auch das künftige Verhältnis von Ungelernten und Facharbeitern, und zwar nicht nur als Regelung im Sinne einer vorübergehenden Notmaßnahme, sondern als eine Planung prinzipieller Art auf lange Sicht. Wenn der

Präsident der Reichsanstalt dabei zu vorsichtiger und besonders sorgsamer Behandlung dieser Fragen mahnt, so wohl deshalb, weil es sehr schwer ist, die richtige Kapazität der verschiedenen Betriebe, Berufs- oder Industriezweige an jungen Arbeitern und Spezialkräften für immerhin längere Zeiträume richtig vorauszuschätzen. — Im Überblick darf wohl behauptet werden, daß der ungelernte Jugendliche, verglichen mit den Vorkriegszeiten, in der Industrie schon deshalb eine bedeutsame Rolle spielen wird, weil sich aus ihm die Auslese zu der sich immer weiter ausbreitenden Angelerntenschaft vollzieht, und der Raum, den die industrielle Lehrlingsschaft einnimmt, auch weiterhin, gemessen an der Industriearbeiterzahl, quantitativ gering sein wird. Es entsteht so eine industrielle Ungelerntenschaft, die im wesentlichen unter den Wirkungen eines gesunden Ausleseprozesses nach der Tendenz: „den richtigen Mann an den richtigen Platz" steht, organisch erscheint und mit dem Streben nach Qualitätsarbeit und Qualitätsarbeitertum wohl vereinbar ist.

3. Eine symptomatische Entwicklung des Arbeitsangebotes Ungelernter zeigt sich in allen hochzivilisierten Ländern. Für gewisse Ungelerntenarbeiten, die dem Körper besonders schwere Leistungen zumuten und unter ungünstigen äußeren Arbeitsverhältnissen vollzogen werden müssen, wird sich die einheimische Arbeiterschaft zu gut und weich nach Möglichkeit aus. In Deutschland war man daher seit 1880 immer mehr veranlaßt, besonders für den Ruhrkohlenbergbau, polnische Arbeiter (insgesamt bis zu 800 000) zu verwenden[3], also Menschen, die aus einem Lande einfacheren Lebensstandards, niedrigerer Löhne und geringerer Bildung kamen. Die veränderten Verhältnisse der Nachkriegszeit (einerseits Maschinisierung und Rationalisierung des Kohlenbergbaus mit der Folge günstigerer Arbeits- und Einkommensmöglichkeiten, andrerseits die geänderte Arbeitsmarktlage sowie politische Überlegungen und Notwendigkeiten) beendeten allerdings die Beschäftigung größerer Mengen ausländischer Arbeiter in Deutschland. — Von diesem typischen, soziologisch interessierenden Sonderfall abgesehen, steht im übrigen das Angebot ungelernter Arbeitskraft im Gegensatz zur gelernten Arbeit fast durchweg unter dem ungünstigen Zeichen mangelnder Knappheit. Diesen Abschnitt des Arbeitsmarktes[4] strebt eine verhältnismäßig hohe Quote der Schul-

[3] J. V. Bredt: Die Polenfrage im Ruhrkohlengebiet. Leipzig 1909.

[4] Die Bezeichnung Arbeitsmarkt soll durchaus nicht den Anschein erwecken, als ob der Arbeit die Kennzeichnung einer Ware gegeben werden wolle, die in die Zufallchancen des apersonellen Spiels von Angebot und Nachfrage gestellt sein soll. Die Ablehnung des Begriffes Markt aus sozialem Empfinden ist berechtigt. Ein in allen Fällen brauchbarer Ersatz hat sich aber noch nicht eingeführt, und die Begriffe „Arbeitseinsatz" und „Beschäftigung" können nicht immer als Synonyme benutzt werden.

entlassenen jährlich unmittelbar zu, er muß aber auch ständig den Angebotsüberschuß aus den Bezirken der Gelernten aufnehmen. Von dieser Seite her kommen die in Niedergangszeiten arbeitslos Gewordenen, die durch Strukturänderungen und technische Produktionswandlungen Freigesetzten, die aus der Überkapazität der Lehrlingshaltung her in ihrem Berufe Überflüssigen und schließlich auch die im Ausleseprozeß als mindertüchtig Ausgeschalteten. Dieses Angebot geht auch bei sinkendem Arbeitslohn nicht zurück, führt also (im Gegensatz zu den Verhältnissen bei den Gelernten) auch von dieser Seite her zu keinem Ausgleich. Es steigt sogar mit dem Sinken des allgemeinen Lohnniveaus, da sich dann neben den bisher schon Arbeit suchenden oder in Arbeit stehenden Familienmitgliedern auch noch Frauen und Halbwüchsige neuerdings zur Ungelerntenarbeit melden. Dazu kommt, daß in der Nachkriegszeit eine Entlastung durch Aus- und Abwanderung fast nicht mehr spürbar wurde und selbst ein Ausgleich innerhalb Deutschlands nur wenig wirksam werden konnte. Die organisierte Tätigkeit der Arbeitsämter besserte zwar die Lage der Ungelerntenschaft, die vorher infolge ihrer geringeren Organisationsfähigkeit im Nachteil war[5], und verhinderte das Wandern der Arbeitsuchenden von Betrieb zu Betrieb, das gerade für Ungelernte zu starkem Lohndruck führen konnte, änderte aber am mangelnden Seltenheitscharakter nichts Grundsätzliches. Die einzig mögliche Entlastung durch Rückführung von Arbeitern in die unter Arbeitermangel leidende Landwirtschaft stieß auf kaum zu überwindende personelle und auch sachbegründete Schwierigkeiten. Wohl wirkte die Zerlegung der Arbeitseinsatzmöglichkeiten in Teilgebiete (Transportarbeiter, Maschinenarbeiter mit besonderen Eignungen nach den verschiedenen Wirtschaftszweigen usw.) auflockernd. Ein wirksamer und regulierender Abstrom aber nach höherliegenden Beschäftigungen ist trotzdem nur sehr teilweise, nach tieferen überhaupt nicht mehr möglich. Und auch das Aufsteigen zu den Angelernten erfolgt häufig nur ad interim. Ungelerntenmärkte sind also Universalmärkte, und das Angebot auf ihnen ist jedenfalls nicht schlechthin von Ertragserwägungen beherrscht, sondern häufig ein Zwangsangebot ad minimum. Obwohl somit der Lohnpreis des einfachsten Ungelernten theoretisch unter dem Fehlen einer eigentlichen Marktorganisation, also ohne Einfluß der Gesamtheit von Angebots- oder Nachfragetatsachen auf die Entschließung der Arbeiter zustande kommt, so sind doch die relativen Höhen und die lokalen Unterschiede

---

[5] In der Nachkriegszeit machte allerdings die gewerkschaftliche Organisation der Ungelernten große Fortschritte. Neben einer eigenen Fabrikarbeitergewerkschaft, die vor allem die Industrien: Chemie, Papier, Nahrungsmittel, Spielwaren, Porzellan, Glas, Grobkeramik umfaßte, wurden die übrigen Ungelernten auch von anderen Gewerkschaften (Metallarbeiter usw.) aufgenommen.

der Ungelerntenlöhne groß und auch nicht ohne weiteres aus vorhandenen Qualitätsdifferenzierungen, sondern nur im allgemeinen aus besonderen betrieblichen Verhältnissen zu erklären. Es erscheint auch glaubhaft, daß ganz subjektive Erwägungen sozialer Natur, von der Vorstellung eines Existenzminimums her, bei der Festlegung von Ungelerntenlöhnen eine Rolle spielen.

Über die Relationen der Gelernten- zu den Ungelerntenlöhnen geben die Erhebungen des Statistischen Reichsamtes, veröffentlicht in „Wirtschaft und Statistik", Band X (S. 148), XI (S. 638), XIII (S. 17), XIV (S. 119), XVI (S. 26), folgendes Bild:

(Siehe Tabelle S. 66)

In graphischer Darstellung zeigen diese Zahlenreihen folgende Bilder:

1. **Steinkohlenbergbau**

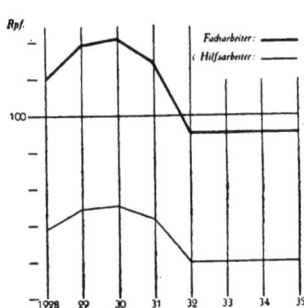

2. **Braunkohlenbergbau**

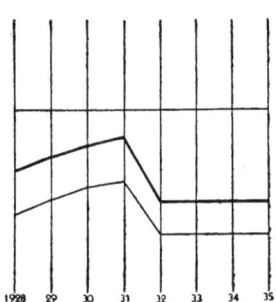

3. **Metallverarbeitende Industrie**

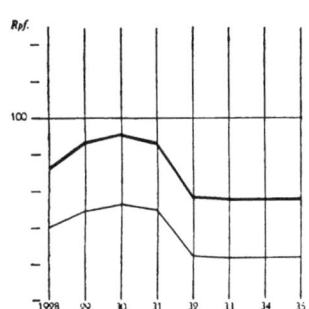

4. **Baugewerbe**

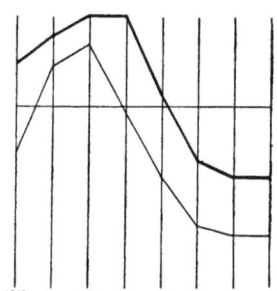

Entwicklung der tariflichen Stundenlohnsätze (oder Akkordrichtsätze) für männliche Arbeiter der höchsten tarifmäßigen Akkordstufe in Rpf.

(F = Facharbeiter, H = Hilfsarbeiter)

	1928		1929		1930		1931		1932		1933		1934		1935	
	F	H	F	H	F	H	F	H	F	H	F	H	F	H	F	H
1. Steinkohlenbergbau	110,2	68,8	118,3	74,3	120,8	75,7	114,3	71,9	95,5	60,0	95,5	59,9	95,5	59,9	95,5	59,9
2. Braunkohlenbergbau	83,5	71,7	87,5	75,6	90,7	78,9	92,7	80,6	75,2	66,0	75,2	66,0	75,2	66,0	75,2	66,0
3. Metallverarbeitende Industrie	86,5	70,2	93,4	74,7	95,4	76,5	93,5	75,0	78,5	62,3	78,0	61,9	77,9	61,8	78,0	61,9
4. Baugewerbe	111,9	87,3	119,5	111,2	125,2	116,9	125,2	98,5	103,2	80,7	85,5	67,6	81,1	64,8	81,1	64,9
5. Papiererzeugende Industrie	87,0	67,5	89,4	69,9	93,5	73,2	93,0	72,8	79,3	59,4	75,9	57,4	75,9	57,4	75,9	57,4
6. Papierverarbeitende Industrie	102,9	78,0	110,5	82,2	115,5	86,7	115,5	86,7	92,9	69,0	92,9	69,0	92,9	69,0	92,9	69,0
7. Buchdruckgewerbe	112,5	98,5	117,3	103,3	117,3	103,3	117,3	103,3	96,1	84,8	96,1	79,7	96,1	79,7	96,1	79,7
8. Holzgewerbe	107,8	88,3	111,4	91,4	117,3	96,1	117,3	96,1	94,9	78,0	—	—	80,1	62,5	79,3	62,1
9. Feinkeramische Industrie	82,3	68,1	82,3	68,1	87,4	72,5	87,4	72,5	70,9	58,9	70,9	58,9	70,9	58,9	70,9	58,9
10. Textilindustrie	71,5	59,7	74,6	62,1	76,0	63,5	76,1	63,5	65,6	54,9	63,9	53,4	63,9	53,1	63,9	53,1
11. Braugewerbe	113,1	100,1	119,9	105,9	123,5	109,4	124,1	110,1	106,5	94,3	105,4	93,3	105,2	93,2	105,2	93,2
12. Süß-, Back-, Teigwarenindustrie	92,1	78,8	96,9	82,7	101,0	86,2	101,0	86,2	83,2	71,2	80,2	68,5	80,2	68,5	80,0	68,3

5. Papiererzeugende Industrie

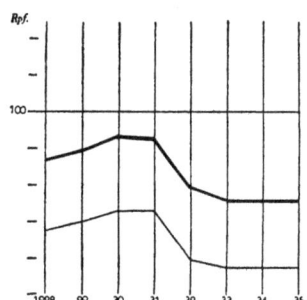

6. Papierverarbeitende Industrie

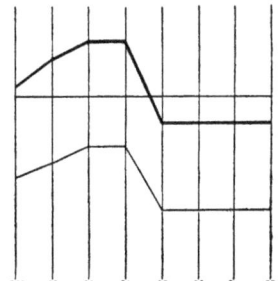

7. Buchdruckgewerbe

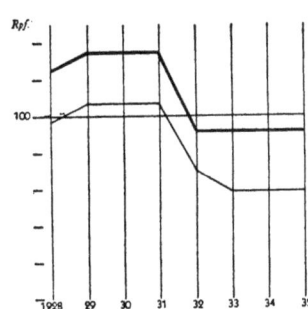

8. Holzgewerbe

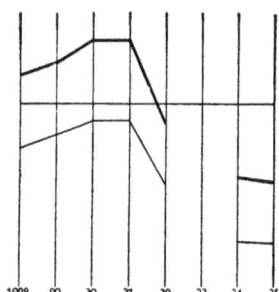

9. Feinkeramische Industrie

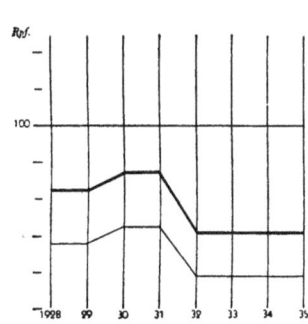

10. Textilindustrie

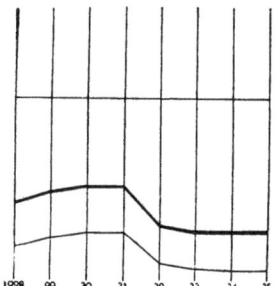

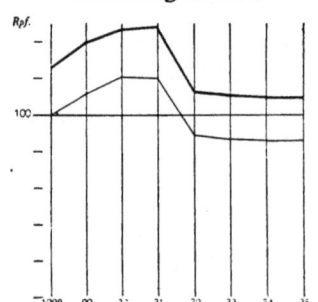

11. Braugewerbe

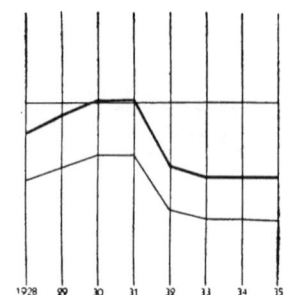

12. Süß-, Back-, Teigwarenindustrie

Höchst- und Niedrigstlohnpunkte der Fach- und Hilfsarbeiterlöhne (nach Tabelle S. 66) für die Jahre 1928 mit 1935

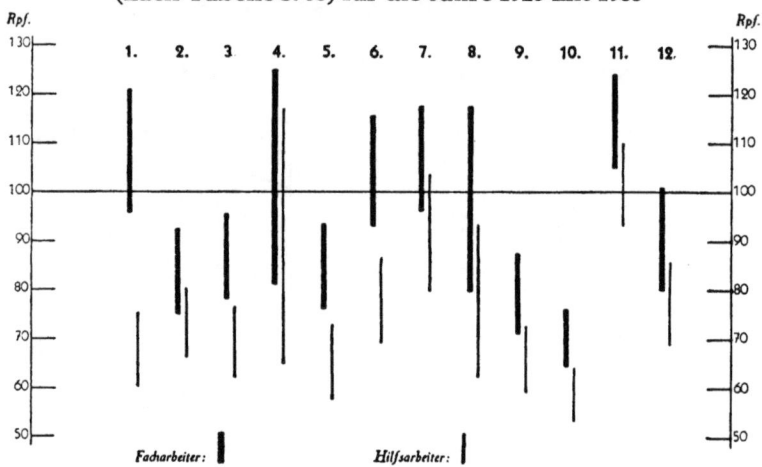

In diesen Darstellungen fällt fürs erste die überraschende Parallelität der Lohnbewegungen auf, deren Hauptursachen wohl in der Lohnfindung durch kollektive Vertragspartner und in der „Mitnahme" der Hilfsarbeiter durch die Facharbeiterorganisationen der einschlägigen Branche zu suchen sind. Die Spannen zwischen den Fach- und Hilfsarbeiterlöhnen sind also ziemlich stabil, besonders bei metallverarbeitender Industrie, Feinkeramik, Textil- und Süßwarenindustrie. Ein stärkeres Steigen der Facharbeiterlöhne weisen nur Steinkohlenbergbau (1929 und 1930), papiererzeugende (1930) und papierverarbeitende Industrie (1929) auf, ein stärkeres Steigen der Hilfsarbeiterlöhne hingegen das Baugewerbe (1929). Im Konjunkturabschwung zeigt sich eine unverkennbare Tendenz der Facharbeiterlöhne zu verhältnismäßig stärkerem Sinken, was — mit Ausnahme von Steinkohlenbergbau (1932) und Buchdruck (1933) — besonders im Braun-

kohlenbergbau (1932), Holzgewerbe (1932) und in der Feinkeramik (1932) offenbar wird. Dem Lohneinbruch bei den Facharbeitern im Buchdruck (1932) folgte ein Abfall der Hilfsarbeiterlöhne (1933).
— Den größten Spielraum in der Lohngestaltung brauchte das Baugewerbe, den kleinsten die Textilindustrie. Bemerkenswert sind die großen Lohnspannen zwischen Fach- und Hilfsarbeitern im Steinkohlenbergbau und die besonders kleinen Spannen in der Textilindustrie, die zugleich durch ihr tiefes Lohnniveau auffällt. In der letzten Tafel sind auch die Überschneidungen der Löhne sichtbar: Die **Hilfsarbeiter im Braugewerbe** haben einen Niedrigstlohnpunkt, der über den **konjunkturellen Höchstlöhnen der Facharbeiter** im Braunkohlenbergbau, in der papiererzeugenden Industrie, der feinkeramischen Industrie und der Textilindustrie liegt, aber auch die Lohngipfel anderer Hilfarbeitergruppen (Bauhandwerk, Buchdruckgewerbe und Holzgewerbe) überragen die Lohngipfel mancher Facharbeitergruppen. Die starken Niveauunterschiede zwischen den Löhnen der Hilfsarbeiter der verschiedenen Wirtschaftszweige lassen keinerlei Tendenzen in bezug auf die gegenseitige Beeinflussung der Ungelerntenmärkte nach der Lohngestaltungsseite hin erkennen.

Verglichen mit den Facharbeiterlöhnen der gleichen Branchen haben Hilfsarbeiterlöhne niedrigere Lohngipfel und etwas flachere Lohnkurven, und zwar um so flacher, je niedriger das Lohnniveau überhaupt schon ist, was wohl auf Auswirkungen des „Kraftfeldes" des Existenzminimums zurückzuführen ist. — Die Tendenz zur Lohnspannenverringerung auf Kosten der Gelerntenlöhne machte sich unmittelbar nach dem Jahre 1919 und dann noch mit der fortschreitenden Inflation bemerkbar und hatte auch eine verstärkte Verknappung im Angebot gelernter Arbeit zur Folge. Im ersten Falle waren es politische Gründe, die dafür maßgebend waren, im zweiten trug wohl die allgemeine Annäherung aller Löhne an das Existenzminimum daran die Schuld. Dazu wird auch noch von Bedeutung gewesen sein, daß zu dieser Zeit die in den Städten herrschenden Ernährungsschwierigkeiten den Zugang vom Lande her verringerten und der Arbeitseinsatz für Ungelernte in den Zeiten der Umstellung von der Kriegs- auf die Friedensproduktion besonders günstig war. Mit der steigenden Auswirkung des Leistungsprinzips wächst die Spanne wieder. — Die Enquêteberichte enthalten wohl Zahlenmaterial zur Entwicklung der Löhne. Es ist aber, wie auch das der amtlichen Statistik, nur beschränkt als Grundlage von Urteilen und Schlüssen benützbar, da die Vergleichbarkeit mangelt. Zwischen Vor- und Nachkriegszeit haben sich nicht nur Wirtschaftsverhältnisse und Produktionsmethoden, sondern auch die Beziehungen zwischen den Real- und Nominallöhnen zu wesentlich geändert, ganz abgesehen davon, daß die geänderten Methoden der Erhebungen das Material unvergleichbar machen. Einige wichtigere Feststellungen der Enquêteberichte seien jedoch angeführt. Der durchschnittliche Stundenlohn der Ungelernten wurde für 1913 auf etwa 60% des durchschnittlichen Stundenlohnes der Gelernten geschätzt, für die Nachkriegszeit dagegen auf etwa 75%. Einige Vergleichstabellen liegen auch aus dem Gebiete der Eisen- und Stahlwarenherstellung vor. Daraus ergibt sich bei den durchschnittlichen Effektivstundenverdiensten (Zeitlohn), daß sich die Spanne zwischen Gelernten- und Ungelerntenlöhnen, vom Ungelerntenlohn aus berechnet, von 52% im Jahre 1913 auf 40% im Jahre 1928 verringert hat, und die zwischen den jugendlichen Arbeitern, die wohl auch zu den Ungelernten zu zählen sind, und den Gelernten, auf den Jugendlichenlohn bezogen, für dieselben Jahre von 217,8% auf 185,9% zurückging. Der Bericht betont aber ausdrücklich, daß für die in Betracht kommende Industrie (und man wird das auch auf die anderen Industrien ausdehnen können) die einheitliche Lohnvergleichung sehr schwer ist. Es fehlt an amtlichem Material, die Vorkriegszeit kannte meist keine Tarifgemeinschaften; frühere Heimarbeit, für die nur Preisverzeichnisse vorliegen, wurde häufig durch Maschinenarbeit in der Fabrik abgelöst, die Einteilung der Arbeiterkategorien hat sich geändert. Aus der Erfahrung der befragten Sachverständigen heraus läßt sich wohl feststellen, daß „die geringer entlohnten Arbeiterkategorien eine stärkere Steigerung erfahren haben". Vom Gelerntenlohn aus betrachtet lassen sich für die Durchschnittslöhne bei den einzelnen Arbeiterkategorien folgende Prozentzahlen feststellen:

Arbeiterkategorie	Durchschnittslöhne in Prozenten des Durchschnittslohnes des gelernten Arbeiters		
	1913	1927	1928
Gelernte Arbeiter	100,0	100,0	100,0
Angelernte „	82,8	88,5	98,7
Ungelernte „	65,7	74,2	71,4
Weibliche „	41,9	45,7	50,3
Jugendliche „	32,1	36,8	35,0

Es zeigt sich also überall die Verringerung der Spanne. Die Enquêteberichte sind in bezug auf vergleichende Lohnstatistik ziemlich unergiebig, zusammenfassend wird aber die Nivellierung der Löhne immer wieder betont[6]. — A. Scheffbuch[7] vergleicht die Nominallöhne der Gelernten und Ungelernten in Deutschland von 1924—1930 mit denen von 1913 und kommt dabei zu folgendem Resultat: „Die Löhne der Ge-

---

[6] Der allgemeine Teil, Band 2, des Enquêteausschusses, bringt den Balfour-Bericht (Britischer Enquêteausschuß für Industrie und Handel), aus dem folgende Stellen über die englischen Verhältnisse bemerkenswert sind: „Im allgemeinen kann

lernten lagen im April 1930 85 %, die der Ungelernten sogar 110 % über Vorkriegshöhe. Zwar haben unter den einzelnen Gewerbezweigen gewisse Abweichungen vom Durchschnitt stattgefunden. So ist der Lohnstand in der chemischen Industrie, im Metallgewerbe und im Bergbau bei Gelernten und Ungelernten beträchtlich zurückgeblieben gegenüber den Verdiensten in den aufwärtsstürmenden Berufen des Bau- und Holzgewerbes, der Brauindustrie, sowie der Kartonagenfabrikation. Insgesamt läßt sich feststellen, daß die Gelernten im Vergleich zu den Ungelernten gewaltig in ihren Bezügen nachhinken. Die beharrliche Aufrechterhaltung der lohnmäßigen Bevorzugung ungelernter Arbeit läßt demnach auf gewisse Verschiebungen in der Arbeitsnachfrage schließen, die vielleicht von der fortschreitenden Normalisierung und Typisierung der Erzeugnisse herrühren. Auch kann die Rationalisierung als treibendes Rad der dauernd fortschreitenden Lohnsteigerung angesehen werden, noch dazu, da von Seiten des Arbeitsangebotes eher lohnhemmende als lohnsteigernde Einflüsse ausgingen."

Das Statistische Reichsamt führte in jüngster Zeit einige Lohnerhebungen durch (veröffentlicht in „Wirtschaft und Statistik", XV (S. S. 449, 686, 928), XVI (S. S. 203 ff., 244), deren Hauptergebnisse folgendes Bild über die Bruttostundenverdienste männlicher Arbeiter geben:

---

gesagt werden, daß bei den geringer Gelernten die Erhöhung (der Löhne) größer war als bei den Hochgelernten. Die Durchschnittserhöhung (der Löhne zwischen 1914 und 1924) dürfte bei den ersteren 80—90 %, bei den letzteren 60—70 % betragen. Natürlich beziehen sich bei den ungelernten Arbeitern diese stärkeren Erhöhungen auf niedrigere Vorkriegslohnsätze, so daß das Ergebnis, soweit die Tatsachen des Berichts ein Urteil zulassen, ein solches ist, daß die tatsächliche Erhöhung der Lohnsätze nicht prozentual, sondern nominal ungefähr für beide Arbeiterklassen dieselbe war." (S. 68.)

„Wie sich auch immer die tatsächlichen Ziffern stellen mögen, so ist doch auf Grund der verfügbaren Unterlagen die Schlußfolgerung berechtigt, daß auf den Gebieten vorherrschenden Zeitlohnsystems in den dem auswärtigen Wettbewerb unmittelbar ausgesetzten Industrien gelernte Arbeiter im Durchschnitt 1924 sich weniger gut standen als vor dem Kriege, während andrerseits ungelernte Arbeiter im allgemeinen, und in den sogenannten ‚geschützten' Industrien gelernte wie ungelernte Arbeiter, mit Ausnahmen natürlich, aber doch im großen und ganzen ihre durchschnittliche Lage in bezug auf Kaufkraft verbessert haben." (S. 71.)

„Eine andere aus den bereits gegebenen Ziffern klar zutage tretende Besonderheit in den Veränderungen der Lohnsätze seit 1914 ist die stärkere prozentuale Steigerung der Löhne der ungelernten Arbeiter im Vergleich zu den Gelernten. Vor einer eingehenden Prüfung der Verhältnisse, welche das Angebot gelernter und ungelernter Arbeit für die verschiedenen Industriegruppen bestimmen, wäre es aber verfrüht, über die Dauerhaftigkeit dieser Veränderung oder die Wahrscheinlichkeit einer Gegenentwicklung etwas Bestimmtes zu sagen." (S. 76.)

[7] Der Einfluß der Rationalisierung auf den Arbeitslohn. Stuttgart 1931.

F = Facharbeiter. H = Hilfsarbeiter.

	Zeit der Erhebung	F	H
Chemische Industrie	Aug./Sept. 1935	102,3	86,0 *
Metallverarbeitende Industrie	,, ,, ,,	95,6	65,7
Bautischlerei und Möbelherstellung	,, ,, ,,	75,6	50,4
Baugewerbe	September 1935	80,2	61,0
Sägeindustrie	,, ,,	57,5 **	50,9
Papiererzeugende Industrie	April 1935	71,0 **	64,4
Papierverarbeitende Industrie	Juni 1935	92,0	62,8
Braugewerbe	April 1935	104,8	90,7
Süß-, Back- und Teigwarenindustrie	August 1935	85,5	67,3

* An- und Ungelernte. ** Gelernte und Angelernte.

Ein gewogener Durchschnitt der Tariflöhne aller erfaßten Gewerbe[8] je Stunde zeigt für die Jahre 1931 mit 1935 folgende Entwicklung (in Rpf.):

Männliche	1931	1932	1933	1934	1935
Facharbeiter	102,1	84,9	79,3	78,3	78,3
Hilfsarbeiter	80,2	66,9	62,4	62,1	62,2

Besonders automatische Maschinen vereinheitlichen den Lohn und geben dem Ungelernten, in erster Linie dem Jugendlichen, Lohnchancen. In den Nachkriegszeiten war eine viel zu weitgehende Nivellierung zwischen der Entlöhnung der unmittelbar produktiven Arbeit und der qualitativ nicht gleichwertigen Hilfsarbeit vorhanden. Sie war unter anderm auch eine Folge politischer Auswirkungen macht-theoretischer Tendenzen und führte schließlich zur Verstärkung der Arbeitslosigkeit. Wenn sich in Zukunft wieder eine Lohngestaltung durchsetzt, die ökonomische Gegebenheiten mit sozialpolitischen Notwendigkeiten vereint berücksichtigt, so wird die Nivellierung der Löhne einer individuelleren Aufgliederung Platz machen. Dabei kann der Ungelernte je nach Art und Maß seiner Eingliederung und nach dem Werte seiner individuellen Leistung sehr verschiedenartig und auch günstig am Sozialprodukt beteiligt werden.

4. Die Lohntheorie beschäftigte sich seit je vorzugsweise mit dem Lohn der untersten Schicht der Arbeiterpyramide, also jener ungelernten Arbeiterschaft, deren Eigentümlichkeit darin gesehen werden kann, daß keine besondere Qualifikation vorausgesetzt wird, die nicht schon mit dem Geschlecht und dem Alter erwartet werden darf. Auf der Un-

---

[8] Wirtschaft und Statistik, XII, S. 443; XIII, S. 18; XIV, S. 119.

gelerntenarbeit, im reinsten Sinne einer Kuliarbeit also, baute Ricardo seine Kostentheorie auf, die den „natürlichen Lohn" in Verbindung mit dem notwendigen Bedarf für den Lebensunterhalt brachte, seine Höhe allerdings von Volk zu Volk und auch im Ablauf der Zeit als verschieden zugestand. Abgesehen davon, daß die Lohnlehre Ricardos schon deshalb von vornherein in die Irre geht, weil sie auf der Lehre von Malthus fußt, daß wir infolge Übervölkerung auf den Nahrungsraum pressen, und damit annimmt, der Lohn hätte grundsätzlich eine Tendenz zum Existenzminimum, muß darauf hingewiesen werden, daß damit „ohne eine nähere Erklärung a priori vorausgesetzt wird, daß Nominallohnbewegungen immer von Preisbewegungen gerade der Bedarfsgüter der untersten Arbeiterschicht derart begleitet würden, daß die Oszillation des Reallohns um das kulturelle Minimum stattfinde," während doch „die Lebenshaltung mit aufsteigender Kultur immer mehr solche Güter umfaßt, die bei wachsender Produktivität mit zunehmendem Ertrag produziert werden, also nicht teurer, sondern billiger werden[9]". Der in dieser Theorie, die in der Formulierung Lassalles als ehernes und grausames Lohngesetz agitatorisch ausgebeutet wurde, erscheinende trostlose Pessimismus hat sich angesichts der Tatsache eines unverkennbaren Aufstiegs der Arbeiterschaft, auch der Ungelerntenschaft, zu höherer Lebensführung nicht als berechtigt erwiesen. Auch die Lohnfondstheorie von J. St. Mill wollte auf ungelernte Arbeit durchschnittlicher Art zutreffen. Nach ihr stünde eine Summe von Reichtum, zwar nicht unveränderlich groß, aber doch zu jedem gegebenen Augenblick vorher in ihrem Betrag feststehend, für die lohnarbeitende Klasse zur Verteilung fest, wobei „der Lohn eines jeden lediglich vom Divisor, das heißt der Zahl der Teilenden abhängt". Damit wäre, wie Gide sich ausdrückt, der Arbeiter einem „verhängnisvollen Gesetz ausgeliefert, dem er ebenso passiv gegenüberstehe wie ein Baumwollballen seinem Lohnpreis", wobei Gide über dieser propagandistischen Formulierung allerdings übersieht, daß, selbst wenn diese Lohnfondstheorie richtig wäre, der Arbeiter durch die Vermehrung des Sozialprodukts auch wieder eine Vermehrung des Lohnfonds herbeiführt. Die beiden Theorien können aber über die Bildung und Höhe des Ungelerntenlohnes nichts Wesentliches aussagen, weil der Ungelernte, dessen Arbeitseigenschaft nur in dem Körpereinsatz besteht, eine zu weitgehende Isolierung darstellt. Es ist damit weder der Lohnbildungsfaktor „geschulte physische und geistige Kraft" in Rechnung gestellt, der in gewissen Grenzen auch das Gesetz der Knappheit wirksam werden läßt, noch auch berücksichtigt, daß das Knappheitsverhältnis durchaus

---

[9] O. v. Zwiedineck-Südenhorst: Allgem. Volkswirtschaftslehre. Berlin 1932. (S. 206 f.)

nicht immer auf dem Gebiete der Ungelerntenarbeit naturgemäß am ungünstigsten liegen muß. Ebensowenig verwirklichten sich die Voraussagen, die Marx auf seine Annahme der ständigen Vermehrung des konstanten Kapitals und Verminderung des variablen Kapitals gründete. „Die Löhne sind dort hoch, wo Kapitalien aller Art in zweckmäßiger Zusammensetzung in Fülle vorhanden sind, wo es reichlich Rohstoffe, Maschinen, Wirtschaftsgebäude, Eisenbahnen, Häfen usw. gibt, sie sind niedrig, wo die genannten Produktionsmittel nur spärlich zu finden sind." (P. Arndt.)

Damit ist schon die Produktivitätstheorie berührt, die wohl am besten geeignet ist, über die Entwicklung der Ungelerntenlöhne etwas Wesentliches auszusagen. Schon A. Smith meinte, daß der Lohn im ungefähren Verhältnis zu der Produktivität der gesellschaftlichen Arbeit wachsen müsse und daß diese (bei freier Konkurrenz) von der Höhe der gesellschaftlichen Arbeitsteilung und Arbeitsvereinigung, mit anderen Worten von der optimalen Kombination von Naturkräften, Arbeit und Kapital abhänge. Die Überlegungen Thünens hat Marshall in die Formel gebracht: „Der Lohn für jede Klasse von Arbeitern hat die Tendenz, sich gleich dem Reinertrag des letztangestellten Arbeiters zu stellen." Diese Theorie löst die Lehre über den statischen Dauerlohn der Ungelerntenschaft aus den Theorien der naturnotwendigen Verelendung und verknüpft das Lohnschicksal mit der Dynamik des ökonomischen Fortschritts. Wenn eine Gruppe von Sozialökonomen die Erhöhung der Lohnpreise (neben all den anderen Besserungen der Arbeiterlage überhaupt) vor allem auf machtmäßiges Eingreifen gründen will, also eine Machttheorie zur Verteilung des Sozialprodukts stipuliert, so ist dadurch doch die Richtigkeit der Gedankengänge der Produktivitätstheorie nicht erschüttert. Es wird nur dazu behauptet, daß ihr Wirksamwerden nicht genügend „von selbst" in Erscheinung trete. Dabei konnte, zum großen Teil mit Recht, vor allem auf Verelendungserscheinungen des Frühindustrialismus hingewiesen werden.

5. Wurde der Kampf um das Sozialprodukt lange Zeit hindurch den „Marktparteien" überlassen und begnügte sich der Staat mit der Rolle des Schlichters, so soll durch die neue Verfassung des Arbeitsrechts der Kampf um seiner volkszerstörenden Nachteile willen ausgeschaltet werden. Der Staat übernimmt als Treuhänder der Arbeit im Sinne des Strebens nach der sozialen Gerechtigkeit allein die Lohngestaltung, die er vorläufig durch Tarifordnungen bindend macht. Natürlich unterliegt auch sein Handeln im Sinne eines Aufstiegs der Arbeiterschaft der grundlegenden ökonomischen Gegebenheit, daß nur in der Produktivitätssteigerung dauernde Möglichkeiten gegeben werden, die den Arbeitern zu ihren Gunsten nutzbar gemacht werden können. In Kenntnis der wirtschaftlichen Gegebenheiten und Möglichkeiten antizipiert der Staat

also, regt an, treibt vorwärts, lenkt und verteilt im Sinne eines Strebens zum sozialen Frieden und hilft so Wirkungen hervorbringen, die, obwohl im Wesen des modernen Wirtschaftens liegend, nicht so ausgeprägt oder nicht so schnell in Erscheinung träten. Als erstrebenswertes Ideal ist aber gesetzt, daß die Kollektivfestsetzung der Löhne durch die Treuhänder einmal wieder durch die betrieblichen Individuallöhne ersetzt wird, die aus einer „sozialen Reife" und dem Gedanken der Verbundenheit von Betriebsführer und Gefolgschaft in der gemeinsamen Arbeit zum Wohle des Volksganzen ermöglicht werden.

Schon aus der Feststellung, daß es Ungelernte im Sinne der frühen sozialökonomischen Theorie in Deutschland fast nicht mehr gibt, ist es erklärlich, daß die wirklichen Lohnpreisentwicklungen durchaus der Gleichartigkeit entbehren. Freilich stellt für alle Ertragsverteilung die „werkzeuggebundene" Arbeit die schwierigsten Probleme. Wenn es auch allgemein richtig erscheint, daß, je geringer der subjektive Anteil bei der Formung der Umwelt, je größer also die Abhängigkeit von objektiven Faktoren, um so geringer auch der Einfluß auf die Ertragsgestaltung und -verteilung sei, und hierin im Wesen die Abstufung des Anteils am Sozialprodukt vom Unternehmer über alle Arbeiterkategorien bis zum Hilfsarbeiter gegründet ist, so vollzieht sich diese Abstufung durchaus nicht mehr innerhalb aller Wirtschaftszweige adäquat zum Wertmaßstab des Gelerntsein alten Stils. Die außerordentliche Verschiedenheit der Möglichkeiten des Ungelernteneinsatzes mit der Betonung differenzierter, wenn auch kleiner, individueller Sonderleistungen hat gute Auswirkungen im Lohn gehabt und zu fortgeschritteneren Lohnformen geführt. Es ist zu wünschen, daß die Ungelernten aus den Lohnkonsequenzen der absoluten Vertretbarkeit immer mehr herauskommen und damit, unter Ausschaltung der lohnbildenden Momente des Knappheitsprinzips, ihren ihnen zustehenden Leistungslohn erhalten; wenngleich die Schwierigkeiten eines gerechten Maßstabes nicht übersehen werden können, die sich wiederum aus der großen Mannigfaltigkeit der Ungelerntenarbeit ergeben. Auch der geschäftliche und volkswirtschaftliche Erfolgsanteil ist für Ungelerntenarbeit naturgemäß schwer zu bestimmen.

6. Literatur zum Ungelerntenlohn:

A. Ammon: Das Lohnproblem. Berlin 1930. — K. Bauer-Mengelberg: Zur Theorie der Arbeitsbewertung. Archiv für Sozialwiss. u. Sozialpol., Bd. 55. Tübingen 1925. — E. v. Böhm-Bawerk: Macht oder ökonomisches Gesetz. Z. f. Volksw., Bd. XXIII. 1914. — Th. Brauer: Lohnpolitik der Nachkriegszeit. Jena 1922. — F. Curschmann: Zur sozialökonomischen Funktion hoher Löhne. Berlin 1929. — Diehl-Mombert: Der Arbeitslohn. Ausgewählte Lesestücke zum Studium der politischen Ökonomie. Bd. 2. Jena 1911. — A. Homolka: Die Lohnspanne zwischen qualifizierter und nichtqualifizierter Arbeit in Österreich. o. O. 1935. — J. Marschak: Die Lohndiskussion. Tübingen 1930. — Nicholson: The effect of machinery on wages. 1892. — F. Prerauer: Die Spanne zwischen den Löhnen von gelernten und ungelernten Arbeitern in den letzten 25 Jahren. Wüstegiersdorf 1927. — F. Prerauer: Untersuchungen der Spanne zwischen den Löhnen von gelernten und ungelernten Arbeitern, unter besonderer Berücksichtigung der Vorkriegszeit. Weltwirtschaftl. Archiv, XXIX, 2. Jena 1929. — I. H. Richardson: A Study on the Minimum Wage. London 1927. — A. Scheffbuch: Der Einfluß der Rationalisierung auf den Arbeitslohn. Stuttgart 1931. — Ph. Snowden: The Living wage. London, o. J. — M. Soecknick: Die Entwicklung der Reallöhne in der Nachkriegszeit. Jena 1927. — H. Staehle: Die Lebenshaltung mindestbezahlter Arbeiter der Fordwerke in Detroit. Schmollers Jahrbuch, Bd. 54/II, 1930. — Adolf Weber: Die Lohnbewegungen der Gewerkschaftsdemokratie. Bonn 1914. — O. v. Zwiedineck-Südenhorst: Die Lohnpreisbildung. Grundriß der Sozialökonomik, IV, 1. Tübingen 1925. — O. v. Zwiedineck-Südenhorst: Lohnpolitik und Lohntheorie. Handwörterbuch der Staatswissensch. VI. Jena 1925.

Sechster Abschnitt
Zahlenmäßige Bedeutung

1. Schwierigkeiten der statistischen Erfassung der Ungelerntenschaft. — 2. Ausgliederung der c 3-Arbeiterschaft nach Wirtschaftsabteilungen. — 3. Die c 3-Arbeiterschaft in Industrie und Handwerk, ausgegliedert nach Wirtschaftsgruppen und Wirtschaftszweigen. — 4. Literatur.

1. Die amtliche Berufszählung des Jahres 1925 gliederte die Gruppe der Arbeiter(innen) im Vergleich zu den früheren Zählungen nach neuen Grundsätzen, da die bisher versuchte Unterscheidung in nur zwei kennzeichnende Ausscheidungen (Gelernte und Ungelernte) nicht mehr durchgeführt werden wollte. Es hätte sonst mindestens eine Dreigliederung in Gelernte, Angelernte und Ungelernte eingeführt werden müssen, auf die man aber verzichten mußte, da bei dem System der Selbsteintragung die Fragen nach der Lehr- und Anlernzeit nicht genügend eindeutig und sicher hätten beantwortet werden können und besonders bei Berufswechsel zu Unklarheiten hätten führen können. Außerdem hatte der Ausbildungsgang eines großen Teiles der Industriearbeiterschaft vielfache Wandlungen durchgemacht. Die Gleichstellung der Gelernten, also der Arbeiter mit Lehrzeit und Prüfung, mit Arbeitern, die dieselben beruflichen Fähigkeiten in langjähriger Werkstatttätigkeit erworben hatten, und die Zusammenfassung dieser beiden Kategorien unter den Begriff des Facharbeiters mußten berücksichtigt werden. Dabei sollte aber der lohnpolitische Begriff „Facharbeiter" vermieden werden. Schließlich haben sich manche Berufsbezeichnungen eingebürgert, deren Träger sowohl Gelernte als auch Angelernte sein können.

So kam man zu der Gliederung nach der Stellung des Arbeiters im Betriebe:

In der Untergruppe c 1 vereinigte man alle Arbeiter, die in den für den betreffenden Wirtschaftszweig charakteristischen Berufen tätig sind;

in der Untergruppe c 2 die Betriebshandwerker und wichtigen Hilfsberufe;

in der Untergruppe c 3 alle übrigen Arbeiter.

Es sind also in der Untergruppe c 1 auch solche Arbeitskräfte, die von der Ungelerntenbasis aus über das Angelerntsein zum Facharbeitertum aufgerückt sind, ohne daß sich ein Bild über die Auswirkung dieser für die neue Arbeiterstruktur so wesentlichen Dynamik ergibt. In der Untergruppe c 3 sind aber neben den ungelernten Arbeitskräften auch diejenigen Angelernten, die nicht in den besonders ausgezählten Berufen erfaßt sind, also hauptsächlich die weniger qualifizierten Angelernten. Die Untergruppe der c 3-Arbeiter umfaßt also die Restposten der Wirtschaftszweige, erlaubt keine Gleichsetzung mit der Ungelerntenschaft und läßt wiederum auch keine Schlüsse über die Größe der Auftriebsdynamik der Ungelerntenschaft zur Angelerntenschaft zu. In bezug auf den wirklichen Stand der reinen Ungelerntenschaft erscheinen die c 3-Zahlen zu groß, in bezug auf ihre Bedeutung für den Nachwuchs an Angelernten und Facharbeitern mangeln Vergleichszahlen. — Wenn auch das Handwerk in nicht allzu bedeutendem Maße Platz für die Beschäftigung Ungelernter hat, so wird doch durch die fehlende Ausscheidung der Zahlen nach Industrie und Handwerk die Isolierung der ungelernten Industriearbeiterschaft unmöglich.

2. Trotz dieser Mängel sollen im folgenden die Zahlen der c 3-Arbeiter in Industrie und Handwerk vergleichend dargestellt werden[1].

Die Wirtschaftsabteilungen

In sämtlichen Wirtschaftsabteilungen (A mit F) waren nach der Statistik des Deutschen Reiches, Berufszählung von 1925, beschäftigt:

von 10 929 928 hauptberufl. Arbeitern   3 331 928 als c3-Arbeiter   = 30,5 %[2]
„   3 503 826   „   Arbeiterinnen 1 436 539 „ c3-Arbeiterinnen = 41,0 %

In der Wirtschaftsabteilung B: Industrie und Handwerk waren beschäftigt:

von 7 821 939 hauptberufl. Arbeitern   2 267 810 als c3-Arbeiter   = 28,99 %
„   1 959 457   „   Arbeiterinnen 1 024 364 „ c3-Arbeiterinnen = 52,28 %

---

[1] Nach einer Mitteilung des Statistischen Reichsamtes werden die folgenden Zahlen leider mit den Ergebnissen der Berufszählung von 1933 nicht ohne weiteres vergleichbar sein, da der Kreis der besonders ausgezählten Berufe wesentlich erweitert und dadurch die Zahl der Arbeiter, die zu keinem der nachzuweisenden Berufe gehören, zwangsläufig verringert wurde. Ferner wurden auch in einigen Fällen Berufe, die 1925 nachgewiesen wurden, 1933 nicht besonders ausgezählt. Außerdem bringt die neue Systematik auch in der betrieblichen Gliederung Veränderungen gegenüber 1925.

[2] Nach der Betriebszählung von 1933 beträgt der Anteil der c 3 - Arbeiter 30,1 %, der Angelernten 21,3 %, der Facharbeiter 48,6 %.

Von allen c 3-Arbeitern überhaupt waren beschäftigt:

in Wirtschaftsabteilung A: 109 246 = 3,28%
,,   ,,   B: 2 267 810 = 68,06%
,,   ,,   C: 686 792 = 20,61%
,,   ,,   D: 85 811 = 2,58%
,,   ,,   E: 34 138 = 1,02%
,,   ,,   F: 148 131 = 4,45%

Eine Unterscheidung sämtlicher hauptberuflichen Arbeiter und Arbeiterinnen in Gelernte und Nichtgelernte gibt folgendes Bild:

Wirtschafts-abteilung	Arbeiter und Arbeiterinnen überhaupt	davon	
		Gelernte = %	Nicht-gelernte = %
A	2 607 000	188 000 = 7	2 419 000 = 93
B	9 781 000	5 830 000 = 60	3 951 000 = 40
C	1 440 000	433 000 = 30	1 007 000 = 70
D mit F	605 000	144 000 = 24	461 000 = 76
A mit F	14 433 000	6 595 000 = 46	7 838 000 = 54

Die Wirtschaftsgruppen

3. Bei der Aufgliederung der c3-Arbeiterschaft innerhalb der Wirtschaftsgruppen der Wirtschaftsabteilung B: Industrie und Handwerk sollen zwei Beziehungen hergestellt werden:
1. wird sie mit der Arbeiterzahl der betreffenden Wirtschaftsgruppe,
2. mit der Gesamtzahl der c 3-Arbeiterschaft in Industrie und Handwerk überhaupt verglichen.

Wirtschaftsgruppe	Arbeiter insgesamt	c 3-Arbeiter	Prozentsatz, bezogen	
			auf die Arbeiterzahl der Wirtschaftsgruppe	auf die Gesamt-c 3-Arbeiterschaft
III. Bergbau	776 955	122 688	15,8	5,4
IV. Steine und Erden .	519 595	293 366	56,5	12,9
V. Eisen- und Metallgewinnung	480 977	200 739	41,7	8,9
VI. Stahl- und Metallwaren	644 872	106 369	16,5	4,7
VII. Maschinen, Apparate, Fahrzeuge .	998 313	189 012	18,9	8,3
VIII. Elektrotechn. und optische Industrie	315 296	66 863	21,2	3,0
IX. Chem. Industrie . .	191 086	128 288	67,2	5,7
X. Textilindustrie . .	391 619	129 281	33,0	5,7
XI. Papier- und Vervielfältigungsgewerbe	284 603	94 014	33,0	4,2

Wirtschaftsgruppe	Arbeiter insgesamt	c 3-Arbeiter	Prozentsatz, bezogen	
			auf die Arbeiterzahl der Wirtschaftsgruppe	auf die Gesamt-c 3 Arbeiterschaft
XII. Leder- und Linoleumindustrie ..	105 084	38 512	36,7	1,7
XIII. Kautschuk- und Asbestindustrie .	34 868	26 335	75,7	1,2
XIV. Holz- und Schnitzstoffgewerbe...	645 730	130 973	20,3	5,8
XV. Musikinstrumente und Spielwaren .	52 089	12 332	23,7	0,5
XVI. Nahrungs- und Genußmittelgewerbe	575 917	147 822	25,7	6,6
XVII. Bekleidungsgewerbe.....	354 192	72 776	20,6	3,2
XVIII. Bau- und Baunebengewerbe ..	1 324 109	455 137	34,4	20,0
XIX. Gas, Wasser, Elektrizität	126 634	53 303	42,1	2,4
B. Industrie und Handwerk	7 821 939	2 267 810	28,99	68,06

Die Bedeutung der c 3-Arbeiterschaft, absteigend geordnet dargestellt, ergibt sich für die einzelnen Wirtschaftsgruppen durch folgende zweifache Gegenüberstellung:

Geordnet nach dem Anteil der c 3-Arbeiterschaft an der Arbeiterschaft der Wirtschaftsgruppe:		Geordnet nach dem Anteil der c 3-Arbeiterschaft an der Gesamt-c 3-Arbeiterschaft:	
%			%
75,7	Kautschuk und Asbest	Bau- und Baunebengewerbe	20,0
67,2	Chemie	Steine und Erden	12,9
56,5	Steine und Erden	Eisen- und Metallgewinnung	8,9
42,1	Gas, Wasser, Elektrizität	Maschinen, Apparate, Fahrzeuge	8,3
41,7	Eisen- und Metallgewinnung	Nahrungs- und Genußmittel	6,6
36,7	Leder und Linoleum	Holz- und Schnitzstoff	5,8
34,4	Bau- und Baunebengewerbe	Chemie	5,7
33,0	Textil	Textil	5,7
33,0	Papier und Vervielfältigung	Bergbau	5,4
25,7	Nahrungs- und Genußmittel	Stahl- und Metallwaren	4,7
23,7	Musik- und Spielwaren	Papier und Vervielfältigung	4,2
21,2	Elektrotechnik und Optik	Bekleidung	3,2
20,6	Bekleidung	Elektrotechnik und Optik	3,0
20,3	Holz- und Schnitzstoff	Gas, Wasser, Elektrizität	2,4
18,9	Maschinen, Apparate, Fahrzeuge	Leder und Linoleum	1,7
16,5	Stahl- und Metallwaren	Kautschuk und Asbest	1,2
15,8	Bergbau	Musik- und Spielwaren	0,5
28,99	Industrie und Handwerk		68,06

Die Wirtschaftszweige

Eine Aufstellung über die Wirtschaftszweige der Wirtschaftsabteilung B: Industrie und Handwerk (bei der alle Wirtschaftszweige mit weniger als 20000 c3-Arbeitern unberücksichtigt bleiben) ergibt bei Herstellung derselben Beziehungen wie bei den Wirtschaftsgruppen folgendes Bild:

Wirtschaftszweig	Arbeiter insgesamt	c3-Arbeiter	Prozentsatz, bezogen auf die Arbeiterzahl des Wirtschaftszweiges	auf die Gesamt-c3-Arbeiterschaft
6: Steinkohlen	590 002	64 429	10,92	2,84
7: Braunkohlen	104 957	34 600	33,0	1,53
13: Natürliche Steine . .	136 032	64 797	47,6	2,86
15: Kalk-Zement	49 257	34 949	17,0	1,54
17: Ziegel	133 911	100 036	74,7	4,41
19: Feinkeramik	72 702	30 211	41,6	1,33
20: Glas	77 671	25 727	33,2	1,13
21: Großeisen	417 982	170 898	40,9	7,54
22: Metallhütten	62 995	29 841	47,4	1,32
23: Eisenwaren	358 153	99 656	27,8	4,40
27: Maschinenbau . . .	628 463	113 704	18,1	5,01
31: Land- und Luftfahrzeuge	168 637	28 124	16,7	1,24
33: Elektrotechnik . . .	229 127	53 735	23,5	2,37
35: Chemische Industrie .	191 086	128 288	67,2	5,66
37: Wolle	82 036	26 221	32,0	1,16
38: Baumwolle	105 491	32 999	31,3	1,46
50: Papiererzeugung . .	86 239	57 423	66,6	2,53
53: Druckerei	143 624	20 126	14,0	0,89
55: Lederherstellung . .	46 526	28 472	61,4	1,26
59: Kautschuk	33 711	25 519	75,7	1,13
61: Säge- und Fournierwerke	102 752	60 846	59,2	2,68
62: Holzbauten, Möbel .	309 677	22 431	7,3	0,99
90: Mälzerei, Brauerei .	72 354	27 957	38,7	1,23
105: Schuhe	164 823	52 484	31,9	2,31
108: Bau- und Baunebengewerbe	1 313 185	453 440	34,5	19,99
111: Gasgewinnung . . .	48 268	28 059	58,1	1,24
26 Wirtschaftszweige von Industrie und Handwerk	4 729 560	1 815 972	38,3	54,5

Die Bedeutung der c3-Arbeiterschaft, wieder absteigend geordnet dargestellt, ergibt sich für die wichtigsten Wirtschaftszweige durch folgende zweifache Gegenüberstellung:

Geordnet nach dem Anteil der c3-
Arbeiterschaft an der Arbeiterschaft
des Wirtschaftszweiges:

Geordnet nach dem Anteil der c3-
Arbeiterschaft an der Gesamt-c3-
Arbeiterschaft:

in Wirtschaftszweigen mit über 150 000 c3-Arbeitern:

%			%
40,4	Großeisenindustrie	Bau- und Baunebengewerbe	19,99
34,5	Bau- und Baunebengewerbe	Großeisenindustrie	7,54

in Wirtschaftszweigen mit 100 000—150 000 c3-Arbeitern:

%			%
74,7	Ziegelherstellung	Chemie	5,66
67,2	Chemie	Maschinenbau	5,01
18,1	Maschinenbau	Ziegelherstellung	4,41

in Wirtschaftszweigen mit 50 000—100 000 c3-Arbeitern:

%			%
66,6	Papier	Eisenwaren	4,40
59,2	Säge- und Fournierwerke	Gesteingewinnung	2,86
47,6	Gesteingewinnung	Steinkohle	2,84
31,9	Schuhwaren	Säge- und Fournierwerke	2,68
27,8	Eisenwaren	Papier	2,53
23,5	Elektrotechnik	Elektrotechnik	2,37
10,92	Steinkohle	Schuhwaren	2,31

in Wirtschaftszweigen von 20 000—50 000 c3-Arbeitern:

%			%
75,7	Kautschuk	Braunkohlen	1,53
61,4	Lederherstellung	Baumwolle	1,46
58,1	Gasgewinnung	Feinkeramik	1,33
47,4	Metallhütten	Metallhütten	1,32
41,6	Feinkeramik	Gasgewinnung	1,24
38,7	Brauerei	Fahrzeuge	1,24
33,0	Braunkohlen	Brauerei	1,23
32,0	Wollverarbeitung	Wollverarbeitung	1,16
31,3	Baumwollverarbeitung	Möbel	0,99
14,0	Druckerei	Druckerei	0,89
7,3	Möbel		

Die Zahlen bestätigen, was in den vorausgegangenen Überlegungen klar wurde. Die Ungelerntenschaft besetzt viele Arbeitsplätze in den jungen Industrien: Kautschuk, Asbest, Linoleum, Kork, Fournier, Elektrotechnik, Chemie, Lederherstellung, Lebens- und Genußmittel (Zucker, Margarine, Bier, Branntwein, Mälzerei usw.); sie steht in den stark maschinisierten Betrieben für Bearbeitung von Metallen, Faserstoffen (mit Ausrüstung und Veredelung), für Erzeugung von Holzwaren, Schuhen, Spielwaren, Gegenständen des täglichen Bedarfs (Kämme, Bürsten, Keramik usw.), Papier; sie bedient Maschinen und bewältigt Transporte in den Rohstoff- und Halbfertigwarenindustrien, den Metallhütten, Ziegelwerken, Industrien der Steine und Erden (Kies, Sand, Ton, Kalk, Zement, Betonwaren), der Großeisenindustrie usw. Abgesehen von dem Baugewerbe und seinen Nebengewerben, in denen 20 % der Ungelerntenschaft überhaupt beschäftigt sind, ist sie zahlenmäßig am stärksten in den Industrien der Steine und Erden, der Eisen- und Metallgewinnung und dem Maschinen-, Apparate- und Fahrzeugbau eingesetzt, steht jedoch immer noch in je rund 100000 Mann Stärke in den Belegschaften folgender Industrien: Nahrungs- und Genußmittel, Holz- und Schnitzstoff, Chemie, Textil, Bergbau, Stahl- und Metallwaren, Papier und Vervielfältigung, Bekleidung.

4. Literatur zur Statistik und Mengenbestimmung der ungelernten Arbeiterschaft:

H. Gehle: Die männliche Arbeiterschicht Deutschlands nach der Berufszählung von 1925. Sozialrechtl. Jahrbuch. 1930. Mannheim. — M. Leopold: Statistik des Berufswechsels. Allg. Stat. Archiv, XIV. 1924. — G. Neuhaus: Die berufliche und soziale Gliederung der Bevölkerung im Zeitalter des Kapitalismus. Grundriß der Sozialökonomik, IX, 1. Tübingen 1926. — Statistik des Deutschen Reiches: Die berufliche und soziale Gliederung der Bevölkerung des Deutschen Reiches. Bd. 402, I, II, III, Berlin 1927; Textliche Darstellung hierzu, Bd. 408, Berlin 1931; Textband zur Gewerblichen Betriebszählung, Bd. 418, Berlin 1930. — W. Woytinsky: Die Welt in Zahlen. II. Buch: Die Arbeit. Berlin 1925.

Printed by Libri Plureos GmbH
in Hamburg, Germany